EST-CE QUE
LA MER EST BELLE
AUJOURD'HUI ?

Jean-Pierre Foucault

EST-CE QUE LA MER EST BELLE AUJOURD'HUI ?

avec la collaboration d'Anne Gallimard

TF1
EDITIONS

A mon père.

À Tati.

Marseille sortie de la mer, avec ses poissons
de roche, ses coquillages et l'iode,
Et ses mâts en pleine ville qui disputent les
passants...

Jules Supervielle

Ce jour-là, il est parti comme d'habitude, c'était au mois de février de l'année 1962. Je me souviens l'avoir vu pour la dernière fois descendre l'escalier, il m'a dit au revoir en ouvrant la porte. Il prenait l'avion pour Alger, devait se rendre à une annexe de son entreprise, là-bas, pour un voyage de routine.

Mon père dirigeait à Marseille une entreprise d'import-export en fruits et légumes, qu'il comptait en « bateau » et en « avion » : c'était son unité de mesure ! Il commandait des bateaux de pommes ou des wagons de poires, il les réceptionnait avec sérieux, m'emmenant avec lui, disait : « Vous m'en mettrez une caisse dans la voiture ! ».

Nous ramenions la caisse comme un trésor à la maison, des pommes acidulées, des oranges pulpeuses, des bananes encore vertes que l'on faisait mûrir au gaz dans la mûrisserie, parfums inoubliables, sucrés, ensoleillés, odeurs grisantes du port de mon enfance, venues d'Espagne, du Maroc, de Côte-d'Ivoire, du Liban, qui s'insinuaient partout dans la maison, des mois entiers, embaumant l'escalier jusqu'à ma chambre où je rangeais méthodiquement les cartes postales que mon père m'envoyait de ces pays de légende, dans une grosse boîte en bois, avec les papiers à lettres de ses sociétés dont l'en-tête m'éblouissait :

Socomex
Société de Commerce Extérieur
Marseille, Alger, Tunis, Abidjan, Beyrouth...

La mémoire est un privilège étrange, la mienne a tendance à la distraction. A moins que je ne l'aie bridée inconsciemment, pour ne pas avoir mal, ne lui accordant que quelques images fortes mais sans ordre chronologique, comme des photos en vrac sans légende que l'on regarde par hasard et qui déclenchent à mon corps défendant des souvenirs pieusement enfouis. Ainsi l'odeur d'un simple étal de fruits sur quelque marché du Midi ou d'Afrique du Nord fait resurgir en moi ces traces d'un passé lointain où mon père, sur les quais de la Joliette, me tenait par la main. Ou bien cet air ambiant si particulier des aéroports que je fréquente ô combien (ne serait-ce que pour un retour hebdomadaire vers Marseille) me rappelle tout à coup des émanations plus anciennes, celles des vieux avions à essence qui prenaient leur envol près des baraques en bois de l'aérodrome de Marignane où mon père s'embarquait pour de nouveaux achats à l'autre bout du monde, du moins de mon petit monde à moi.

Mon père n'était pas souvent là mais il me faisait rêver. La porte d'entrée, qui donnait sur le boulevard du Collet (le petit col), se trouvait tout au bout du jardin qui montait en larges marches vers la maison. Je restais des heures derrière la fenêtre du couloir, à regarder si par hasard la porte bougeait. Des heures et des jours à l'attendre, ou à guetter le courrier dans la boîte aux lettres, la carte postale rituelle. A son retour, je courais le chercher et nous remontions ensemble, entre les deux figuiers, le cerisier, l'amandier et le petit mûrier, contournant le bassin où somnolaient les poissons rouges. Lui et moi, seuls, dans l'allée, alors que le reste de la famille lui ferait la fête après, dans le salon peut-être, où il raconterait en peu de mots son dernier périple.

Si j'avais pu prévoir... Des années de bonheur qui allaient de soi, ma mère, mes sœurs, ma tante, à l'ombre rassurante de ce père dont je redoutais le froncement de sourcils pour des peccadilles, dont je craignais la juste sévérité, mais que j'adorais. Enfant, on croit qu'on a le temps et que la vie est éternelle. La mienne était ponctuée par ses départs fréquents, ses retours joyeux, jusqu'à ce jour maudit du voyage à Alger qui a cassé mon existence en deux parties distinctes : l'avant, l'après.

Le téléphone a sonné, quelqu'un m'a dit que mon père avait eu un accident de voiture. Moi, je devais me rendre au lycée, ma mère m'a apaisé en me disant qu'elle allait se renseigner, qu'il me suffisait de la rappeler un peu plus tard pour avoir des nouvelles. Après le déjeuner à la cantine, j'ai demandé au censeur l'autorisation de téléphoner, il a refusé. En rentrant chez moi, j'ai repris ma place derrière la fenêtre pour guetter. Je l'imaginais – allez comprendre pourquoi ? – franchissant la porte du jardin avec des béquilles. Ma mère était déjà partie à son tour pour Alger. Quelques heures après, un ami de mes parents a cru devoir m'avouer que, vraisemblablement, l'accident était grave. Le lendemain, l'horreur a pris le pas sur l'ordinaire, quand on m'a dit qu'il était mort assassiné. On lui avait tiré dessus, dans la rue. Pour rien. Comme on tirait à ce moment-là sur tout ce qui bougeait dans les rues d'Alger. Et nous n'avons rien su, jamais, sur ses meurtriers. Mon père n'était ni militaire, ni pied-noir, ni rapatrié, il n'était qu'un commerçant venu de Marseille pour acheter ses fruits, il n'était qu'un fait divers anonyme, un cadavre sans solution. Dans sa poche, il y avait une lettre de ma mère à laquelle j'avais ajouté un post-scriptum : « Je suis allé camper à Morgiou, il faisait froid. Monsieur Chamonard nous a donné de l'eau. Je t'embrasse... » La lettre avait été postée deux jours auparavant, quand j'étais encore un enfant.

Ce jour-là, tout a basculé et je suis devenu, en quelque sorte, le chef de famille. J'avais quatorze ans, et des larmes dans la tête. Ce jour-là, probablement, j'ai décidé d'oublier.

De mes parents, au fond, je ne sais pas grand-chose, et je n'ai pas connu mes grands-parents. Le père de mon père est mort en 1949 et sa mère à peu près à la même époque ; du côté de ma mère, beaucoup ont disparu pendant la guerre, ils étaient polonais et juifs. Je crois que c'est en Haute-Savoie que mon père a rencontré ma mère, il était de passage à Annemasse pour affaires, là où habitait mon futur parrain. Quand ma mère a réussi, avec les quelques membres de sa famille qui n'avaient pas été arrêtés par les nazis, à passer la frontière française après avoir traversé la Belgique, c'est mon père qui leur a fourni des faux papiers afin qu'ils ne soient pas déportés.

Mon père avait fait la Résistance, il en parlait avec ses amis qui se réunissaient rituellement chez nous le dimanche en apportant des gâteaux. Pendant qu'ils jouaient tous aux cartes, j'entendais parler du maquis, d'Untel qui s'était échappé de je ne sais quel guet-apens, de fausses cartes d'identité. Dans son carnet militaire, figurait la remise d'une médaille de la Résistance, je ne l'ai su qu'après.

Quand on est petit, on ne cherche pas à entrer dans les détails ; le fait était acquis pour moi que mon père était un héros, cela me suffisait. Maintenant, j'aimerais bien en savoir davantage.

Par la suite, Marcel Foucault a épousé Paula et le jeune couple est venu, à la Libération, s'installer à Marseille, alors que les cousins rescapés étaient partis en Angleterre et aux Etats-Unis.

Novembre 1947, ma venue au monde est annoncée. Pour la circonstance, mon père décide de quitter rapidement l'appartement qu'ils occupaient dans la grande avenue du Prado et d'acquérir une maison un peu à la périphérie de la ville, dans le quartier du Lapin blanc, boulevard du Collet, entourée d'un grand jardin. Je suis suivi en 1949 par ma sœur Anne-Marie, puis quatre ans plus tard par la benjamine, Françoise.

La naissance de Françoise est en fait mon premier souvenir, j'avais six ans. Mon père m'avait emmené avec ma tante à la clinique Bouchard – ce qui n'a rien d'original, tous les Marseillais naissent dans cette clinique ! – où j'ai pu observer ce minuscule bout de chou endormi à côté de ma mère, puis nous sommes rentrés en voiture et il m'a demandé :

– Alors, est-ce que tu es content de cette petite sœur ?

J'étais content, fier même. Fier aussi de rentrer avec lui, dans sa voiture. Et heureux que ma tante soit présente !

Ma tante Delphine, « Tati », était de toutes les fêtes. Mon père avait demandé à sa sœur de venir aider ma mère (qui a dû avoir quelques difficultés d'adaptation à la vie et à la langue françaises) dès ma naissance, et cette adorable femme, qui me rappelle encore aujourd'hui qu'elle a été la première à me tenir dans ses bras, fait partie intégrante de mon enfance et de tous mes bonheurs.

Née un an avant notre siècle, elle s'était fiancée toute jeune à un homme qui n'a pas survécu aux terribles tranchées de la Première Guerre mondiale. Elle est restée dix ans à Marseille pour s'occuper de nous et des repas, cuisinière de profession, et si indispensable aux trois gamins que nous étions et à cette grande maison.

Quand elle est repartie vivre à Paris (plus précisément à Neuilly, dans son appartement de la rue de Chartres), c'est moi qui l'ai suivie. Du moins, deux fois par an, je prenais le train pour la rejoindre et visiter la capitale en sa compagnie. Mes journées entières au Jardin d'Acclimatation et au bois de Boulogne, mes expéditions enivrantes à travers les longues salles du Louvre, au sommet de la tour Eiffel, dans les ascenseurs de l'Arc de triomphe ou dans les sombres couloirs du Musée Grévin, c'est grâce à elle ! Mon premier cinéma, en bas de l'avenue de la Grande-Armée, *Vingt mille lieues sous les mers* en technicolor et grand écran ! Au retour, nous écoutions religieusement Bourvil chanter *Salade de fruits, jolie, jolie, jolie* ...

Depuis, je n'ai hélas jamais plus eu le temps de jouer au touriste dans Paris, mais ma tante, elle, a recommencé le même circuit avec ma fille, Virginie. Et si les mots me manquent pour définir l'importance que ma tante a eue dans ma vie, je n'hésite pas à employer celui de paradis !

De Marseille, je lui téléphonais toutes les semaines, je lui écrivais aussi. Elle m'avait abonné à *Tintin* et à *Tout l'Univers*, pas un jour ne passait sans que je pense à elle. Cela n'a pas changé...

Une leçon parmi d'autres que m'a donnée cette femme merveilleuse, c'est son étonnante vitalité, jamais remise en cause au fil des années : à soixante-dix ans, rayonnante, elle me convie à son mariage auquel j'assiste au comble de l'émotion. Près de vingt ans plus tard, je suis moi-même amené à l'inviter à un autre genre de cérémonie, celle au cours de laquelle François Léotard me remet la médaille de l'ordre national du Mérite. A la fin de son allocution, le ministre de la Culture et de la Communication se retourne vers elle et ajoute :

– Et je rends aussi hommage à votre tante qui a quatre-vingt-dix ans, et qui...

Elle se redresse sur sa chaise pour l'interrompre :

– Quatre-vingt-neuf et demi seulement !

Magnifique, non ?

La maison où j'ai grandi me paraissait immense et le jardin en contrebas qu'il fallait traverser pour y parvenir n'avait pour moi aucune limite. Au rez-de-chaussée se trouvaient le salon (où nous nous réunissions avant le dîner) et la salle à manger, ainsi que la cuisine où je me précipitais en rentrant de l'école pour manger une tranche de pain avec des morceaux de sucre. Un escalier conduisait à l'étage des chambres, la première était la mienne, mes deux sœurs partageaient la leur de l'autre côté de celle de mes parents. Un second escalier menait à la terrasse, au-dessus du toit, d'où nous avions une vue splendide sur les rues de Marseille, sur Notre-Dame-de-la-Garde, sur la plage des Gatons que je pouvais aussi apercevoir de la terrasse d'en bas, en me haussant sur la pointe des pieds pour mieux voir la mer.

– Est-ce que la mer est belle ?

C'était la question clé, le mot de passe pour obtenir l'autorisation d'aller se baigner !

Les caisses de fruits étaient stockées dans le garde-manger, au fond, à côté de la cave où mon père conservait ses bouteilles et le traditionnel catalogue de Manufrance. Pour deux vis ou six clous, il passait sa commande, on ne plaisantait pas avec ces choses-là ! C'était un homme actif, volontiers bricoleur, entretenant le jardin avec beaucoup de soin, taillant les arbres et les fusains entre deux voyages. Et puis, surtout, il veillait amoureusement sur ses voitures, celle de la semaine et celle du dimanche, rangées dans les deux garages donnant directement sur le boulevard, en bas du jardin.

Celle de la semaine était petite (une Simca 8, puis une 2 CV) et servait à « aller en ville », comme on disait, parce qu'en fait le quartier était encore assez désert, nous étions à l'écart, presque à la campagne, entourés de chevaux et de jockeys qui allaient et venaient en passant par notre rue pour rejoindre le champ de courses situé juste à côté.

Celle du dimanche rutilait de mille feux, une Delahaye cabriolet qui sentait bon le cuir et épatait le voisinage, avec laquelle nous partions tous ensemble pique-niquer quand il faisait beau. Mon père avait fait fabriquer spécialement par un carrossier un matériel de pique-nique qui s'encastrait dans le coffre, une sorte d'énorme valise qui se transformait en table et contenait tout le nécessaire, assiettes, verres et couverts, pour déjeuner sur l'herbe.

C'est cette merveille que toute l'équipe de « Sacrée Soirée » a réussi à dénicher et à apporter en grand secret sur le plateau de l'émission qu'ils m'ont consacrée l'année dernière. Vous dire le choc que ça m'a fait, après tant d'années...

Je me souviens aussi de cette DS 19 qui a dû, un moment ou un autre, poser des problèmes. Mon père m'avait demandé :

– Cette voiture, est-ce qu'il faut la garder ? Qu'est-ce que tu en penses ?

Quelle n'était pas ma fierté d'être ainsi consulté ! D'ailleurs je n'étais pas en reste, mon écurie personnelle était également fournie : une voiture à pédales en bois bleu, version sport, et une autre, plus récente, en fer. Sans parler du petit vélo, que mon père m'a donné très tôt. Il me gâtait, c'est évident, et assouvissait en même temps, consciemment ou non, ses propres passions.

L'admiration folle que je lui portais ne pouvait s'exprimer qu'à travers cette forme de complicité décalée : on discutait « mécanique », je m'asseyais au volant quand il plongeait le nez dans son moteur, quand il chargeait la batterie, et il m'expliquait comment ça marchait. Moi, je faisais tout mon possible pour lui ressembler, pour avoir l'air d'un « grand ». Et lui ne s'adressait pas vraiment à l'enfant que j'étais, mais à l'adulte que j'allais devenir, hélas trop tardivement pour lui. Il ne jouait pas à mes jeux, mais m'intégrait aux siens. Comme pour ces longues parties de pêche, auxquelles les « filles », mes sœurs, n'étaient pas conviées. Je m'y revois encore.

On partait à quatre heures du matin et, selon le temps, mon père décidait du lieu de pêche, soit dans les calanques, soit au bord de la plage. Pour les calanques, nous prenions la voiture jusqu'aux Baumettes, puis il fallait continuer à pied par le massif de Marseilleveyre avec les paniers d'osier bourrés de piadons, d'esques et de moules pour appâter, en empruntant le grand tunnel qui sert d'égout et qui transperce la colline de part en part. Sur l'autre versant, nous débouchions sur le chemin côtier, celui des douaniers et de tous les autres pêcheurs marseillais, jusqu'à l'endroit choisi après mûre réflexion. Alors on s'installait pour la journée, en plein soleil, dont mon père se protégeait sous un grand chapeau de paille.

Il pêchait au lancer du bord, ou bien nous embarquions sur une des barques des pêcheurs de Callelongue qui acceptaient de nous transporter sur les îles face aux calanques et revenaient nous chercher le soir. J'entends comme si c'était hier le clapotis de l'eau, le sifflement du fil s'élançant dans les courtes vagues, le « clac » du moulinet Mitchell qui se bloque d'un doigt, et le ronronnement sourd du cylindre qui ramène la cuillère contre la coque du bateau, souvent bredouille, parfois remontant un loup scintillant dans la lumière. J'avais moi-même une petite gaule, mais l'immobilisme n'était pas mon fort, je préférais me baigner un peu plus loin...

Ou bien nous nous contentions de pêcher à la ligne le long de la plage du Prado, et là il ne suffisait pas de regarder sans bouger, je devenais un partenaire actif! Mon père coinçait sa canne dans un piquet en fer planté dans le sable et muni d'un anneau, et moi je partais à la nage avec l'hameçon appâté à la main que je déposais avec précaution le plus loin possible, à mille ou deux mille mètres du bord, en veillant à travers mon masque à rester sur des fonds sableux pour attraper des dorades. Dès que mon père avait rembobiné, je repartais vers le large, ravi de l'importance de mon rôle!

Faire le poisson moi-même ne prêtait pas aux confidences mais je me sentais utile, c'était une autre forme de conversation. C'est vrai que mon père parlait peu et que, pour finir, je lui ressemble, ce qui est un comble, avouons-le, pour le métier que je fais.

Nous nous aimions en silence. Pourtant je suis très attaché à la famille, aux fêtes, aux rites, aux traditions, comme mon père l'était. Pour Noël, le sapin et les guirlandes étaient installés dans la salle à manger et nous ne manquions jamais de construire la crèche provençale bourrée de santons, avec l'âne et le bœuf, le petit Jésus que l'on pose en dernier, l'Ange Gabriel. Pour mon anniversaire, ma mère préparait une table somptueuse dans la salle à manger et invitait tous mes copains. Les cadeaux, les amis, table ouverte presque tous les dimanches, des habitudes que j'ai gardées, dont je ne saurais me passer. Ma fille n'oublie jamais la fête des Pères, elle a pris le relais des coutumes familiales.

C'était après la guerre, la France avait souffert, les gens avaient probablement besoin de se rassurer. Chez nous, ce n'était pas le genre de séparer les enfants des parents, nous prenions tous nos repas ensemble, mon père rentrant de son bureau à chaque déjeuner, ça lui prenait une dizaine de minutes avec la voiture, bien que la route ne soit pas encore goudronnée. Il devait être le premier automobiliste du quartier ! Ensuite il faisait la sieste, la tête recouverte de son journal, *le Méridional*, sur le canapé du salon, juste à côté du téléphone. Ses affaires ne quittaient jamais tout à fait ses pensées.

Le soir, toujours au salon, on écoutait la radio, le « journal parlé ». C'était sérieux et tout le monde gardait le silence pendant « Paris vous parle », tous réunis autour du grand meuble en acajou qui trônait dans la pièce, sur lequel était branché un tourne-disque. Rien que les noms sur l'écran du poste éclairé m'invitaient au voyage, *Leningrad, Rabat, Le Caire, Belgrade, Séville, Sundsvall, Riga*... Le respect de la voix sur les ondes, des noms mystérieux, Jean Nocher, Saint-Granier, et l'idée que l'on pouvait entendre le monde entier chez soi, tout ce rituel avait pour moi une importance énorme.

Nul doute que ma vocation est née là, près de ces haut-parleurs voilés d'étoffe satinée, ou à côté du petit poste Océanic en bakélite verte qui était installé dans la cuisine. Parce que l'attention que mes parents montraient à l'heure des nouvelles m'impressionnait, parce que le lien que cela créait, d'abord entre nous, et avec l'extérieur, n'avait pas d'équivalent dans notre façon de vivre. C'était le temps des événements d'Indochine, de la guerre d'Algérie, on avait besoin de savoir, les informations du soir étaient capables de modifier l'attitude des gens le lendemain matin, j'ai compris ça très tôt. Et même s'il a fallu beaucoup de hasards pour qu'à mon tour je passe derrière le micro, c'est là, dans le grand salon ou dans la cuisine avoisinante, que tout a dû se décider sans que je m'en aperçoive...

Ma chambre, qui donnait sur l'arrière de la maison, avait un balcon qu'empruntait chaque nuit ma petite amie Pâquerette, la chatte familiale tachée de blanc. Elle n'avait pas le droit d'entrer mais elle grattait et miaulait avec tant d'insistance que je lui ouvrais quand même, elle repartait à l'aube vivre sa vie de chasseresse dans le jardin.

Il y avait aussi Boy, le caniche de mes parents. Et pour finir avec ce zoo miniature, en plus des poissons rouges du bassin, je me souviens des grenouilles et des crapauds qui coassaient dignement, dès la nuit tombée, autour de la mare du jardin d'à côté, juste pour me bercer.

Au fond, nous vivions un peu comme à la campagne, avec les chevaux du champ de courses, les vaches de la ferme où nous allions chercher le lait. C'était Mme Chabert qui l'apportait, le matin à sept heures; elle restait toute la journée pour aider ma mère. Elle posait sur la table le pot de lait encore chaud et le journal qui me permettait de briller en classe, tout de suite après. Parce que je demandais à mon père de lire la date qui y figurait avant de courir à l'école accompagné par ma tante, et quand la vieille institutrice, Mme Louise Bergon, demandait en entrant quel jour on était, j'étais le seul à pouvoir répondre! Déjà le goût de la scène...

Après le déjeuner, au moment de la sieste de mon père et quand tout allait bien, on me donnait une petite pièce, cinq francs de l'époque avec lesquels je pouvais acheter mon Malabar ou réglisse quotidien chez la boulangère, en y retrouvant tous mes copains. Naturellement, les mauvais jours on n'avait rien! Ça dépendait la plupart du temps des notes obtenues à l'école, l'éternel cauchemar des enfants. Petit, j'avais peu de problèmes, ça s'est gâté en vieillissant, comme on le verra plus tard. A tel point que la première fois où j'ai failli être chassé du lycée, j'ai décidé de prendre, comme on dit, le taureau par les cornes. C'était pour ne pas faire de peine à ma mère, je n'ai pas hésité, j'ai écrit au ministre :

« Monsieur Christian Fouchet, ministre de l'Education nationale, Paris. »

« Monsieur... » et je lui ai expliqué mon cas. Je me souviens encore de l'endroit où j'ai posté ma lettre mais pas du cas dont il était question. Le ministre n'a pas répondu. Depuis, quand je croise quelqu'un dans la rue qui me dit : « Jean-Pierre Foucault, vous qui connaissez tout le monde, vous ne pourriez pas intervenir pour moi auprès du ministre de... », je l'arrête instantanément, je sais que je ne peux rien!

En rentrant de l'école, l'après-midi, je trouvais encore le temps d'écouter la radio ou de mettre un

78 tours sur le plateau du fameux pick-up, ces grandes galettes noires que l'on maniait avec soin tant elles étaient fragiles, sans oublier de changer l'aiguille au moindre grésillement, Maurice Chevalier, Bourvil, le music-hall chez soi, c'était magique! Enfin, mon père arrivait :

– Monte faire tes devoirs!

C'était la phrase la plus célèbre de la maison. Avec ses variantes : « Enlève tes chaussures et monte travailler dans ta chambre! » A cause du parquet du haut qu'il ne fallait pas abîmer... « Descends manger. » Dans le Midi, on monte et on descend sans arrêt. On monte à Paris, on descend à Marseille. Au pire, on montait sans manger! De toute façon, on montait se coucher tôt, et pas besoin de rechigner puisque j'avais mes livres. Je dévorais la Bibliothèque verte, Jules Verne, Jack London et toutes sortes de romans d'aventure, avec une nette préférence pour *Crin Blanc* d'Albert Lamorrisse. Cette histoire de cheval sauvage en Camargue me bouleversait absolument. C'était un album, avec les photos du film du même nom, j'ai pleuré des heures en le relisant.

On pleure souvent quand on est petit, avec ou sans raisons particulières. Il paraît qu'à une certaine époque, je me réveillais la nuit en hurlant. Cauchemars ? Douleurs ? La Faculté s'est penchée sur mon cas et a statué avec l'autorité de rigueur et les moyens du bord : Gardénal, de quoi tranquilliser un cheval fou. Comme je n'étais pas fou, ni même épileptique, ça a dû m'abrutir pendant un bon moment. La médecine en ce temps-là ne se préoccupait que du résultat.

Un peu plus tard, un autre enfer a succédé au premier, j'avais dix ans. Pendant l'été, mes parents avaient eu l'idée (bonne et mauvaise) de m'envoyer faire un séjour en Angleterre, chez un cousin de ma mère. Après quelques jours à Londres, le cousin pense que je serais plus heureux à Cardiff, et me confie à des amis là-bas qui ont une fille de mon âge, Chris. Le problème est que personne ne parle un mot de français dans la petite maison grise de cette ville minière et triste, et que je ne connais forcément pas le moindre mot d'anglais. Sur ce, un mois de pluie et de cricket à la télévision, œufs au plat le matin, omelette le soir, silence et ennui gentils, heureusement dérangés tous les après-midi par la clochette du marchand de glace, Mister Wippy.

Ah! les glaces en cornet! Fraise, pistache, doux mélange crémeux que je léchais lentement pour attendre le soir et l'omelette, avant de m'endormir en rêvant de Marseille, sa plage et son soleil. Au retour, j'avais acquis certes quelques notions d'anglais... et huit kilos de plus.

Sur le quai de la gare Saint-Charles, mes parents ne m'ont pas reconnu, j'étais obèse. On dirait aujourd'hui que j'avais « compensé » : les glaces à la crème, le chocolat, et tout ce que je pouvais acheter avec mon argent de poche, Bounty, Kit-Kat, etc., ajoutés à l'inaction, à la solitude et à la tristesse, pour faire bon poids dans tous les sens du terme. Les médecins, cette fois, avaient encore une réponse : régime et Cafilon. Avec le Cafilon, des petites pastilles jaune orangé heureusement interdites aujourd'hui, je n'avais plus faim, mais ça me rendait dingue! Je me suis mis à déployer, du jour au lendemain, une activité fébrile, hors de propos. Dès que j'étais arrivé quelque part, il me tardait d'être ailleurs, avec ce sentiment que rien, vraiment, ne pouvait me résister. En classe, l'effet a tout de suite été catastrophique. Je reprenais les professeurs, j'interrompais les élèves, je faisais le cours à moi tout seul, jusqu'au moment où tout le monde m'a pris en grippe et où la situation a basculé dans le drame.

C'était la période de l'année où le bruit a couru que les filles étaient embêtées à la sortie du lycée. Il fallait un coupable, j'étais tout désigné! Mon ami le censeur, toujours le même, a proposé à tout hasard un nom au commissariat – étant donné mon comportement récent, ça ne pouvait être que moi – et deux policiers sont venus me chercher, m'ont emmené au poste de police de la Pointe-Rouge, ont prévenu mes parents. Je n'avais que onze ans, et je ne m'intéressais pas encore, pas du tout, aux filles. J'étais innocent, sans pouvoir le prouver. J'ai dû redoubler la sixième. Au moins, on a arrêté le médicament. J'avais grandi, j'avais maigri, seule la graine du chahut allait rester plantée dans ma tête. Comme un mauvais courant d'air.

Du moins, on a conservé un temps le régime, légumes cuits à l'eau, salade, œufs durs. Finis les petits plats de Tante Delphine, la blanquette, les steaks en sauce, les desserts à la crème. Cela a été dur, l'apprentissage de ce premier rationnement volontaire. Depuis j'en ai vécu et inventé tant d'autres que je suis devenu un spécialiste consentant!

Pour balayer ces petits soucis scolaires, il y avait, heureusement, les vacances. Nous, les enfants, partions chaque année avec notre tante près de Poitiers, dans la maison de mes grands-parents paternels inconnus. Nous prenions le train jusqu'à Paris, puis de Paris à Tours, avec encore un changement pour Châtellerault où nous attendions le car qui nous déposait à Fontaine, notre dernière destination.

La maison principale, construite au milieu d'un énorme champ de je ne sais combien d'hectares, avait été autrefois surélevée d'un étage par mon père pour faire plaisir à ses parents. On y accédait par une longue allée cernée de guignes, que ma tante accommodait en conserve ou en eau-de-vie. Plus loin se trouvaient la grange, un potager et la petite maison que nous occupions une partie de l'été.

Ecologiste avant l'heure, mon père avait eu l'idée de reboiser le terrain en plantant des myriades de sapins. L'effet premier était magnifique, jusqu'à ce que la chèvre du voisin tombe furieusement amoureuse de ces centaines de nouvelles pousses et les croque de bon appétit. J'entends encore ma tante au téléphone :

– Marcel, la chèvre de Monsieur Machin a mangé la tête de tes pins!

Un véritable scandale, dont les pauvres conifères se sont sortis tout de même, mais avec peine! Certains en sont restés plus larges que hauts. Nous, on riait, comme on riait de tout.

Nous étions desservis par des marchands ambulants, le pain venait à cheval, M. Baudot, le boulanger croque-mort, nous l'apportait de Saint-Georges-les-Baillargeaux, à quelques kilomètres de là. Un gros pain de quatre livres, craquant, tout enfariné, durait une bonne semaine. Nous le gardions dans cette maie si belle qui semblait sortir tout droit du Moyen Age. L'épicier, lui, passait avec sa fourgonnette Citroën de tôle ondulée dont tout l'arrière s'ouvrait pour former une sorte de comptoir. Quant à la lessive, elle se faisait à coups de battoir dans l'eau du Clain qui longeait le village. Et c'est à côté de ce lavoir que s'organisait la fête annuelle, avec son fameux mât de cocagne, ses stands de tir et de jeux de massacre.

Plus loin, toujours au bord du Clain, les gamins de la région se retrouvaient sur une plage aménagée, entre des baraquements rouges et blancs, dont la principale attraction était le haut plongeoir.

– Oh toi, le Marseillais ! Toi qui connais la mer, est-ce que t'es chiche au moins de plonger ?

C'était le temps de mes premières amours, une petite voisine de mon âge, mignonne, je ne l'ai jamais revue. Etait-elle présente ce jour-là ? Je suis monté au dernier étage, cinq ou six mètres, et bravement j'ai sauté. J'ai pris un « plat » terrible sur la cuisse, la douleur m'a embué les paupières, mais l'honneur était sauf...

C'était pour nous un moment de grande liberté, Tante Delphine n'était pas sévère, nous musardions sans fin jusqu'à la grande fatigue du soir, heureux, gâtés dans ce havre champêtre que nous avions toujours du mal à quitter. J'y retourne souvent, pour fleurir les tombes de mon père et de mes grands-parents. Ma mère a dû louer la maison, je vais la voir de loin, l'impression est toujours étrange. Mais mes meilleurs souvenirs sont encore cachés là.

Dès que j'ai eu l'âge de le suivre, mon père a commencé à m'emmener avec lui à son bureau, où je connaissais tout le monde. Cinq personnes, dont mon parrain. Les cinq que je retrouvais le dimanche après-midi en train de jouer à la belote.

– Et pourquoi t'as pas mis le neuf!!!

Je détestais ça, je n'y comprenais rien, je préférais de beaucoup retrouver mes copains.

Mais, au bureau, c'était autre chose : tous ces appareils, machines à écrire, téléphones, toute cette agitation autour des achats et des ventes me fascinait.

Mon père était un homme moderne pour son temps, rien ne lui échappait des progrès techniques de l'époque et il ne négligeait pas le gadget si ça améliorait le confort. Pour son installation, en 1948, il avait utilisé les compétences d'un architecte et s'était procuré, je ne sais comment, les premiers interphones apparaissant sur le marché, des instruments énormes que l'on actionnait avec une pédale en plastique! Chaque nouvel achat faisait doublement mon bonheur, d'une part pour l'attrait de la nouveauté, d'autre part parce que j'héritais régulièrement de l'ancien matériel, téléphones usagés, fils électriques, objets divers. Ce qui ne servait plus atterrissait d'abord dans mon repaire, une petite cabane construite en bas du jardin, dans ma chambre ensuite si j'en trouvais l'usage.

C'est ainsi que j'ai fini par trouver un système pour « détourner » la radio de la cuisine, avec deux fils cloués le long des murs, dissimulés dans les plinthes, jusqu'à ma chambre, jusqu'à mon lit, avec un petit haut-parleur sous l'oreiller que j'actionnais à l'aide d'une poire pour écouter « Les Maîtres du mystère » le mardi soir, alors que mes parents me croyaient paisiblement endormi !

Au bureau, j'avais aussi acquis quelques responsabilités, des missions en quelque sorte. Porter les chèques par exemple, et les traites des clients de mon père à la Banque de France, à deux pas. Ou bien l'accompagner à l'arrivée des bateaux, dans l'enceinte du port qui n'accueillait que les initiés (il fallait une autorisation pour entrer). Ou bien encore assister à son départ les dimanches où il prenait le train, le *Phocéen*, qui l'emportait vers Paris où il devait se rendre à la Bourse du Commerce.

Dans ce cas-là, ma mère venait avec nous, ma tante restait à la maison avec mes deux sœurs. Moi, j'avais le droit de monter avec mon père dans le compartiment jusqu'au départ, et je mourais de peur à l'idée que le convoi démarre, mais je montais quand même ! Il s'absentait si souvent que je ne voulais rien rater de sa présence.

La durée de ses voyages était d'ailleurs irrégulière. Un ou deux jours s'il allait à Alger, plusieurs semaines parfois s'il partait plus loin. Plus ses affaires se portaient bien, plus il partait souvent, c'était comme un baromètre. Mais le seul fait de le voir rester à la maison ressemblait à un mauvais signe. Pas de voyage, pas de fruits, pas de visite au port. Sans doute était-il sombre, inquiet, est-ce que je le savais ?

Combien je donnerais aujourd'hui pour avoir partagé ses soucis ! Une fois peut-être, j'aurais dû comprendre, mais j'étais trop petit. Nous étions tous les deux dans le Monoprix de la place de la Bourse et, devant le rayon des boissons, j'ai demandé du sirop de menthe.

Il a dit non.

Nous venions du bureau et il avait dans sa poche l'argent que venait de lui donner le locataire pour payer sa part de la facture du téléphone. Car il avait loué un de ses bureaux, tout en gardant la ligne de téléphone à son nom parce que c'était provisoire. Comme devait être provisoire une mauvaise passe dans l'import-export des fruits et légumes, et comme devait être momentanée une certaine gêne financière. D'où le refus un peu sec, qui m'avait tellement étonné et qu'il avait aussitôt regretté. Alors il a changé d'avis et m'a acheté la bouteille que je voulais tant en prélevant une partie de l'argent que nous étions censés remettre directement au bureau de poste. Comment s'est-il arrangé après ? Il ne m'en a rien dit. Je ne suis même pas sûr d'avoir fait quoi que ce soit pour mériter ce cadeau à ce moment-là, mais il résume pour moi toute la tendresse du monde. Est-ce que cette image serait si forte aujourd'hui s'il était toujours là ?

Je n'ai jamais parlé de mon père à mes sœurs, jamais. Je me suis crispé sur sa disparition. C'était si brutal. Personne ne peut se préparer à ça.

L'univers d'un enfant heureux (et je l'étais) repose si fort sur son proche environnement, sur ses parents, sur la famille, sur le toit qui l'abrite, qu'il n'y a pas de place pour le malheur. Pour l'absurde encore moins. Et si je veux bien admettre, avec le recul, qu'à quatorze ans on n'est plus un enfant, je sais du moins qu'il n'y a pas d'âge pour accepter une injustice pareille.

J'ai dû ressentir de la haine pour le ou les tueurs, mais ça aussi c'est loin. Et ces gens-là ne savaient pas qu'ils tuaient mon père, ils n'ont tué qu'un inconnu qui passait par là. Pendant des semaines, je me suis appliqué à chercher des indices à travers les rapports froids de la police : telle voiture avait été aperçue fuyant à toute vitesse le lieu de l'attentat... « Nous, officiers de police, nous sommes rendus au domicile de Monsieur X, qui était absent... Avons laissé une convocation... Ne s'est pas présenté... » Point final. De la haine, oui.

Je voulais y aller, prendre un bateau et observer sur place. Le même bateau, l'*El Djezaïr* (*Ville d'Alger*), que j'avais tant attendu, dans lequel je pensais retrouver un blessé avec des béquilles et qui n'avait rapporté qu'un cercueil, il faut avoir connu ça pour comprendre... Œil pour œil, dit la vieille loi du talion. Mais à quoi bon ?

Beaucoup plus tard, en 1981, RMC a voulu faire une émission en direct d'Alger et je me suis arrangé pour faire partie du voyage. Là-bas, je me suis rendu dans tous les endroits dont j'avais entendu parler, sur le boulevard Michelet où on avait tiré, à l'hôpital où mon père est mort.

Simplement pour regarder. Ça ne m'a pas beaucoup avancé.

Car le plus dur, c'est l'absence, pas les circonstances. Il m'arrive à présent de penser que ceux qui ont tiré ont peut-être vécu des moments encore plus difficiles que les miens, qu'ils devaient avoir des excuses sans doute, qu'ils étaient en guerre. Personne ne mérite la mort, même pour l'avoir donnée. Personne. Moi, je passe des heures à sauver des fourmis en perdition, même si ça fait rigoler tout le monde ! Alors, la peine de mort...

Reste qu'il me manque, qu'il manque aussi à l'adulte que je suis. Il aurait quatre-vingts ans. Quelles seraient ses opinions politiques ? Qu'aurait-il pensé de moi maintenant ? Serait-il fier, rassuré ? J'aimerais savoir si mes idées correspondraient aux siennes, j'aimerais lui parler, ou avoir su le faire au moment où il vivait. A la maison, on parlait de De Gaulle, mais à l'époque tout le monde en parlait ! J'aurais voulu savoir comment on grandit dans une ferme à Poitiers, comment on monte à vingt ans un commerce de grains, comment on en arrive ensuite à une grosse entreprise d'import-export à Marseille en débutant avec un seul téléphone et des idées plein la tête ! Ça m'aurait plu de comprendre pourquoi on devient un homme d'affaires en partant de rien, comment on se débrouille du désordre qui a suivi la guerre, comment on résiste à l'occupant. Ses frères et ses sœurs sont décédés depuis longtemps, sauf Tante Delphine, mais il se confiait si peu... Il y a ma mère, bien sûr, mais elle n'a pas connu le passé que je cherche.

Je n'ai pas de photos de lui avec moi, c'était toujours lui le photographe ! Si, une seule : moi, petit au premier plan, et lui au fond qui arrose son jardin. Il avait un de ces appareils à soufflet que l'on ouvre pour armer le mécanisme, il prenait beaucoup de photos. Il y en a des tiroirs entiers chez ma mère, des photos de nous, des photos qui datent d'avant ma naissance. Une vie entière sur du papier beige et glacé, une vie muette. J'ai récupéré aussi son dernier carnet de chèques et la lettre qu'il avait sur lui le jour de sa mort. J'en arrive à envier le bonheur évident de mes amis qui ont encore leur père, un vrai bonheur dont ils ne mesurent pas le prix. J'aimerais tant dire encore « papa ».

Il me disait tout le temps : « Qu'est-ce que tu penses de ça ? », et c'est tout juste si je me souviens de sa voix. Il me disait : « Travaille bien en classe », comme je le dis à ma fille en ajoutant : « Et range ta chambre », pour faire bonne mesure ! J'aurais bien voulu lui offrir une voiture extraordinaire, le pendant de la Delahaye d'autrefois... Et puis un moulinet Mitchell dernier cri et retourner avec lui à la pêche. Jouer aux boules, à la belote, marcher encore le long de la plage du Prado. Quand j'ai gagné mon premier salaire, je me suis précipité au Bazar de l'Hôtel de Ville à Paris pour trouver un vélo pliant que j'ai donné à ma petite sœur. Une façon comme une autre de reprendre le rôle vacant.

L'école n'a jamais été pour moi un lieu de prédilection, j'aimais apprendre, mais le système scolaire ne me convenait pas, je le trouvais trop lourd, trop lent surtout. Une explication me suffisait, du moins je le croyais, le reste me semblait bavardage superflu et perte de temps. Pourtant, je tiens à rassurer le lecteur, je ne me prenais pas pour un génie, pas du tout, je travaillais beaucoup à la maison parce que mes parents y veillaient. En fait, j'avais du mal à tenir en place. Rester assis une journée entière dans une salle de classe me minait, très vite ça bouillonnait en moi... juste avant d'exploser !

A la maternelle, ça allait. Je crois même que j'étais heureux de m'y rendre. Peut-être à cause de cette fameuse date que je savais en arrivant et que l'on me demandait en premier, sûrement parce que la vieille institutrice avait du talent. J'avais trois ans. Ma tante ou ma mère m'accompagnait à cette charmante petite école qui s'appelait Notre-Dame-des-Neiges. Nous devions traverser à pied les maraîchages environnants, nombreux dans le quartier, pour atteindre la grande cour du presbytère accolé à l'église.

Il paraît que je n'ai cessé de pleurer le premier jour, ça n'a rien d'exceptionnel, ça s'est vite arrangé ! Les bâtiments étaient sombres, tristes, vétustes, à peine égayés par quelques somptueux platanes, mais nous étions gamins, heureux dans ce décor. J'avais plein de copains, dont Jean-Marie, mon plus fidèle ami. Nous recevions des récompenses, de grandes images, j'en ai conservé une, ainsi qu'une photo de classe – la seule que j'ai : tous les petits en rond qui se tiennent par la main-prise avec un appareil à plaques dont le drap noir cachait le visage du photographe.

Depuis j'y suis retourné, à moto, caché moi aussi grâce à mon casque intégral. L'école n'existe plus, remplacée par des appartements. Mais l'église est intacte et la cour aussi. J'aurais bien voulu entrer, c'était impossible, les églises sont fermées en dehors des offices. Tout change, le droit d'asile a aujourd'hui ses heures d'ouverture et de fermeture, comme les musées ! En tout cas, j'avais appris là les rudiments de la lecture et de l'écriture qu'il fallait posséder pour passer au stade suivant du parcours obligatoire.

A six ans donc, je me retrouve au cours privé Sainte-Bernadette, pas très loin du parc Borély. Cela devient sérieux, un peu chic, et par ailleurs religieux. Car, malgré la tradition qui voudrait que je sois élevé dans la religion juive de ma mère, c'est mon père, catholique pratiquant, qui décide. Catéchisme le jeudi, messe incontournable le dimanche, et scoutisme. J'avais déjà rencontré des curés à Notre-Dame-des-Neiges, personnages mystérieux tout de noir vêtus, j'avais trouvé qu'ils ne sentaient pas bon. Quand on est petit, on est souvent méchant. Jean-Marie avait suivi, nous sommes restés deux ans. J'étais premier et un peu moins sage, le côté contraignant, ordonné commençait à me peser.

Je me souviens d'un jour où la sœur m'a mis à la porte de la classe (je ne sais plus pourquoi) et où, coincé dans le couloir, j'aurais donné n'importe quoi pour me transformer en passe-muraille, histoire de ne pas être découvert par la mère supérieure. Naturellement elle m'a vu! La peur à l'état pur que l'on ne ressent qu'à cet âge. Et si j'ai oublié la suite, c'est que ça n'a pas dû être très grave, ce n'était que le début d'une grande carrière de chahuts! Pour prouver ma bonne foi, je suis revenu à Sainte-Bernadette beaucoup plus tard, à vingt ans, et c'est la même mère supérieure, sœur Marie, qui m'a reçu. Elle a semblé heureuse de me revoir.

De plus, c'est là que j'ai reçu ma première – ma plus belle – récompense : le deuxième prix de lecture. Encore un signe! J'adorais ça, lire en public, faire l'acteur l'espace d'un instant, partir ailleurs, rêver et communiquer ce rêve aux autres. J'avais un livre de prédilection, *Paroles* de Jacques Prévert, et plus particulièrement un poème : *Pour faire le portrait d'un oiseau...*

Peindre d'abord une cage
avec une porte ouverte
peindre ensuite

quelque chose de joli
quelque chose de simple
quelque chose de beau
quelque chose d'utile
pour l'oiseau...

Prévert avait tout compris puisqu'il s'adressait même aux petits, même au « *cancre* » qui « *dit oui à ce qu'il aime* », qui « *dit non aux professeurs* » !

C'était l'époque aussi où mon cousin Michel (le fils d'une des sœurs de mon père) venait me chercher à la sortie des cours en Simca 8. On disait qu'il conduisait comme un fou, moi je m'amusais de nos « équipées sauvages » dans les chemins déserts où nous ne devions croiser que quelques poules ou un pêcheur en promenade. Autres temps, autres mœurs, qui s'amuse en voiture aujourd'hui ?

A l'école communale que j'ai fréquentée ensuite, la poésie a continué en chanson. Notre bon maître, M. Chamonard, nous faisait chanter du Paul Fort grâce à Brassens, j'ai encore dans la tête *La Complainte du petit cheval blanc... « Tous derrière et lui devant! »* C'était un vieil instituteur qui avait grimpé les échelons un à un et qui se souvenait de son jeune temps où il avait eu comme élèves les deux Préboist, Paul et son frère Jacques. Paul Préboist vient du Lapin blanc comme moi, y a débuté comme palefrenier, puis jockey, avant de devenir l'étonnant comédien que l'on connaît.

Deux souvenirs encore me reviennent : le départ de Jean-Marie chez les Maristes à Aix et le fameux lait chocolaté que M. Mendès France nous forçait à boire tous les matins à onze heures pour faire de nous des petits Français costauds.

Jean-Marie, c'était comme un frère, il n'avait jamais connu son père qui était mort à la Libération, il vivait avec sa mère, infirmière, dans une très grande maison du même quartier que le nôtre. La séparation était rude, mais il restait les autres copains, les goûters les uns chez les autres – je préférais chez moi, j'avais « ma » bande. Nous faisions de longues balades à pied dans le massif de Marseilleveyre, dans la carrière, dans les calanques, la belle vie!

C'est le lycée qui a tout fichu par terre, curieusement. Un lycée « pilote », le « must » de l'enseignement, un des premiers en France. Et mixte. Immense. Deux mille élèves, un parc magnifique, envahi de genêts et d'arbousiers dont nous croquions pendant les récréations les petites baies aigrelettes. Déjà, la rentrée en sixième est déstabilisante pour la plupart des enfants, la multiplicité des professeurs qui remplacent l'instituteur ou la maîtresse unique, les matières différentes, nouvelles, la foule des élèves qui viennent d'autres milieux, d'autres horizons. Mais cet établissement avait cru bon d'innover, de surcroît, en ajoutant deux disciplines exceptionnelles : OPS (Ordre-Propreté-Silence) et VICS (Vie Communautaire et Sociale). En VICS, qui correspondait en gros au retour de l'instruction civique, je n'étais pas trop mal à l'aise; mais le chapitre « Silence » de l'OPS m'a vite mené à la catastrophe.

On était responsable de sa propre discipline, les professeurs nous tutoyaient, il n'y avait plus de zéro sur les carnets de notes, il y avait « A » pour dire « nul » et, suivant l'alphabet, « F » représentait 20. Avec C+, on avait la moyenne. Pas de classement, aucun garde-fou, c'est bien joli sur le papier, mais quand on est si jeune, c'est un danger dont on ne sait pas se protéger. En tout cas, pas moi. J'ai vu que les portes étaient ouvertes, j'ai foncé tout droit ! Et s'il est entendu que la sixième est une classe d'observation, j'ai au moins compris ça, qu'il fallait observer, ça m'a pris deux ans de suite...

Dès le départ, je me suis fait remarquer. Le premier jour de ma première sixième. Nous rentrons tous dans la classe (une vingtaine), chacun s'installe à sa table, le professeur parle et moi, je regarde l'armoire qui se trouve juste à côté. Et je la trouve bizarre. Alors je scrute avec une attention encore plus grande, celle que j'aurais sans doute dû prêter au discours du professeur, et quelque chose de brillant accroche mon regard. Dans cette armoire, il y avait une caméra, en fait on nous filmait ! Allez donc, après ça, garder son calme ! Je l'ai pourtant gardé un moment, j'ai résisté autant que j'ai pu, puis c'est sorti tout seul :

– Mais qu'est-ce que tu fais dans l'armoire ?

Patatras ! Il fallait justement que cela tombe sur moi ! Comme on était « pilote », un certain Jean-Pierre Daniel (que j'aimerais bien retrouver) était venu nous filmer pour le compte de l'Education nationale. Sujet : le premier jour dans une classe de sixième du lycée Marseilleveyre. Résultat : un beau chahut débouchant sur un reportage raté. Et le commencement d'un malentendu irrépressible entre le lycée et moi, entre les études en général et moi en particulier, que rien ni personne n'ont pu arranger.

Chez nous, c'était pareil, les seuls conflits familiaux concernaient ma scolarité. Les punitions aussi : « Pas de scoutisme jeudi ! » En classe, je devenais furieux, je hurlais les réponses aux questions posées par les professeurs, tous les autres élèves hurlaient derrière moi, c'était intenable pour quiconque. Je me souviens d'une pauvre remplaçante qui nous avait ramené un jour nos copies corrigées de version latine dont une – la mienne – tachée de gras.

– Madame, je vous rends ma copie, elle sent le saucisson !

Odieux j'étais, sans trop savoir pourquoi. Naturellement, mes congénères ont éclaté de rire. J'ai honte aujourd'hui, je m'en excuse auprès d'elle. C'était plus fort que moi, cette danse du scalp perpétuelle, était-ce l'effet néfaste d'une saison de Cafilon ? Sans doute. Sans doute aussi pour oublier mes rondeurs d'alors, pour les rayer du regard de mes petits copains et mes petites copines pas toujours gentils. Compensation, masque de clown, c'était pratique. Quitte à être observé, les spectateurs avec moi n'étaient jamais lésés... Dans la jungle, ou bien on agresse ou bien on est agressé, c'est une affaire de tempérament. Moi, je préférais monter au combat en première ligne !

Ainsi, ce professeur de mathématiques particulièrement imposant qui ne pouvait commencer son cours qu'après avoir déplacé son bureau en avant d'un bon mètre. D'où l'idée (qui l'a eue ?), un matin, de charger l'intérieur du meuble avec des grosses pierres... Pour voir ! Ou de coincer la sonnette de l'appartement personnel du professeur de physique avec du chewing-gum, en pleine nuit, le samedi... Ou d'enduire d'encre bleue le coin du pupitre de notre vieux professeur de philosophie, parce qu'il s'appuyait dessus en montant sur l'estrade, et qu'il faisait toujours son cours en se caressant la barbe. Nous, bien sûr, on riait, et eux, exaspérés, avaient besoin d'un coupable... J'avais fini par m'habituer à ce que cela tombe sur moi, alors j'en rajoutais et les retenues s'amoncelaient gaiement sur mon bulletin trimestriel. « Passe son temps à s'amuser au lieu de travailler. » « Peut mieux faire. » « Doit fournir un travail plus soutenu. » « A de belles cravates ! » Cette dernière annotation appartenait au professeur d'histoire et de géographie. Cela finissait par « blâme pour la conduite », en travers du carnet. Et pour la fête de fin d'année, qui venait-on chercher pour monter le spectacle...

Quand mes sœurs sont entrées à leur tour au lycée, le surveillant général leur a demandé :

– C'est vous, les sœurs du fou ?

Et pourtant, j'étais plutôt brillant en anglais (grâce à mon voyage en Grande-Bretagne), pas si mauvais que ça en français, excellent en travaux manuels (la menuiserie, la céramique, le fer forgé, j'adorais) ! L'histoire, hélas, je n'ai compris son intérêt que plus tard, dans un cours privé où

Jean-Claude Gaudin (l'actuel sénateur) l'enseignait avec un talent qui avait su me toucher.

Bref, j'ai été mis à la porte à la fin de la troisième, sans réelles mauvaises notes mais avec « indiscipline » comme principal argument, ce qui ne m'avait pas empêché d'obtenir le BEPC. Ils m'avaient dit :

– Ce n'est pas la peine que tu te présentes, tu n'y arriveras jamais !

C'était quinze jours avant l'instant fatidique. Je me suis enfermé chez moi avec mes livres, j'ai tout appris par cœur et j'ai été reçu du premier coup, une façon de leur montrer qu'être un cancre ne signifie pas être un crétin irrécupérable.

De toutes ces frasques, mon père ne se remettait pas. Le professeur principal était même venu à la maison, une fois, je le revois dans le salon, qui soupirait à fendre l'âme :

– Nous ne comprenons pas ! Pourtant Jean-Pierre a des dispositions... Pourquoi est-il si distrait ?

Personne ne comprenait.

Et ma mère :

– Mais qu'est-ce que tu vas devenir ?

Si mon père avait vécu, qui sait si je n'aurais pas été amené à prendre sa succession dans son entreprise, donc à l'y rejoindre le plus tôt possible, et ce destin tout tracé aurait pu, peut-être, me mettre du plomb dans la tête. Je dois avouer qu'il ne m'en avait jamais parlé, et sa mort n'a fait que réactiver ma violence. D'abord à cause de l'incroyable réaction du censeur qui m'empêcha de téléphoner. J'étais en quatrième, seulement il m'avait semblé jusque-là que les adultes devaient se conduire plus raisonnablement que les enfants. Se venger aussi petitement n'était pas digne de sa fonction. D'autre part, la situation familiale a d'un seul coup complètement changé. Du jour au lendemain, la seule source nourricière, la société d'import-export, s'est arrêtée et ma mère s'est retrouvée seule pour subvenir à l'éducation et au bien-être de ses trois enfants.

Si elle avait réussi à bien parler notre langue, elle avait, au moment de l'accident, encore du mal à l'écrire. De toute façon, elle n'était pas capable de reprendre la direction de l'affaire, bien qu'elle en ait partagé les joies et les soucis du vivant de son mari. C'est alors que je suis devenu, par la force des choses, à la fois son assistant et le seul homme de la famille. Ma mère a tout de suite loué les bureaux et j'ai dû prendre en main, en dehors de mes activités scolaires effrénées, toute la partie administrative, avis de loyers, encaissements, quittances, pour les trois nouveaux locataires dont les noms se sont curieusement figés dans un coin de ma tête :

– *Le consul général de Panama*,
– *Le consul général d'Uruguay*,
– *Les assurances L'Abeille* !

Puis elle a commencé les démarches officielles et obligatoires concernant le drame proprement dit, et avec quel courage !

– Madame, étiez-vous résidents ?
– Non.
– Pieds-noirs ?
– Non.

– Donc, nous ne pouvons rien pour vous.
– Mais mon mari a été tué pendant la guerre!
– Il n'y a pas de guerre en Algérie, Madame, et d'ailleurs votre mari n'était pas un militaire.

Elle s'est battue farouchement mais les lois n'étaient pas prévues pour ce cas exceptionnel et les mois ont passé jusqu'à ce que l'Etat nous reconnaisse « pupilles de la Nation ». J'ai reçu ma carte avec l'indication « père mort pour la France » rayée au stylo bille, puisque mon père était mort pour rien. Cela servait au moins à ce que nous continuions nos études.

– Mais qu'est-ce que tu vas devenir ?

Je classais les papiers, je changeais les ampoules électriques quand c'était nécessaire, je nettoyais les bougies du moteur de la 2 CV que nous avions pu conserver... Et je me faisais mettre à la porte du lycée pilote pendant que mes sœurs, au grand soulagement de la famille, réussissaient vaillamment leurs études.

Qu'est-ce que j'allais devenir ? Moi aussi, je me posais la question tout en essayant tour à tour la plupart des établissements scolaires marseillais dont j'aurais pu, à force, établir un guide avec des plumes sergent-major en guise de toques ou d'étoiles. A l'âge où les garçons ne pensent qu'aux filles et aux surboums, moi, je mettais, à mon échelle, les cours privés à feu et à sang avant de rentrer à la maison pour taper des récépissés à la machine. Je pensais : « Il n'y a pas de raison que tu n'y arrives pas! »

Comme tout le monde à Marseille cette année-là, j'ai eu l'ensemble des sujets du bac la veille du jour où nous devions le passer. Avec deux ou trois copains, Claude Moreau, Christian Rousset, nous étions si contents de la bonne nouvelle que nous sommes partis faire la fête. C'était tellement inattendu que, finalement, nous n'y avions pas cru. Et pourtant, c'était vrai, occasionnant le lendemain un véritable esclandre dans la presse! Et nous qui avions bien bu et bien ri, c'est le plus honnêtement du monde que nous avons raté notre examen le jour dit...

Je ne peux pas dire que le discours catholique de mes premières années scolaires m'ait marqué de la moindre façon, ni à l'église, ni à l'école. Ce n'est pas moi, évidemment, qui avais décidé d'aller au catéchisme, ni d'entrer dans une école religieuse, ni de suivre la messe du dimanche. C'était mon père. Qui ne fréquentait pas les églises, du moins pas à ma connaissance, mais qui en faisait pour nous une question de principe. Cela devait faire partie pour lui de sa responsabilité paternelle. Les études et la religion représentaient le bagage de base, à nous d'en faire ensuite le meilleur usage.

Ainsi, quoi qu'il arrive, ne pas rater le rendez-vous dominical pour lequel ma tante nous accompagnait. Seule tolérance, choisir celui de onze heures, mais neuf heures et demie c'était mieux, je le savais. J'ai d'ailleurs servi la messe pendant des années, et j'aimais bien; les gestes, le décorum à observer m'amusaient. Jusqu'à ce que, bien plus tard, je sois choqué tout à coup par ce qui m'a paru être un mensonge. C'était à l'Ecole de la Salle dans laquelle j'avais atterri en seconde. En pleine messe, pendant l'élévation, dans ce moment que je voulais sacré où le prêtre est en communion d'esprit et d'amour avec le Christ, le père supérieur qui officiait s'est retourné brusquement et a crié :

– Untel, collé jeudi, quatorze heures !

Puis il a poursuivi la cérémonie.

Moi, j'étais pétrifié. Que l'un de nous ait pu faire le pitre, c'était idiot mais pardonnable. Mais que le serviteur de Dieu, qui converse avec lui, puisse en même temps jouer les gardes-chiourme, là j'ai vu l'imposture. Et, sans perdre la foi pour autant, je suis devenu méfiant. Prudent sur le choix des intercesseurs. L'enseignement dit privé ne m'acceptait mauvais élève qu'en échange d'un salaire, je le savais. Mais pour le prix, il me semblait avoir droit à la pureté du dogme. On m'avait menti. On avait cassé le mystère, c'était fini.

Alors que servir Dieu, chez les scouts, alliait la simplicité au partage et convenait mieux à mes exigences. Cela se traduisait en actions quotidiennes et éliminait l'apparat. On apprenait sur le terrain à s'aimer les uns les autres, un b a-ba utile pour ne pas se détester soi. On s'amusait à inventer des pièges dont on sortait vainqueur avec une joie sans égale et quelques règles élémentaires. Comment sortir d'une grande forêt quand on est lâché seul avec pour tout bagage une boussole, de la farine, de l'eau et deux allumettes ? Cela s'appelle une opération de survie, on en faisait même la nuit ! Vous allez me dire : « A quoi ça sert ? » Eh bien ! ça sert, quand on doute de soi, à ne plus douter, quand on ne croit à rien, à croire, quand on retrouve le camp, à être fier. Ça sert à mettre son point d'honneur à réussir, malgré les obstacles. Donc à s'habituer aux obstacles, à trouver le moyen de les contourner. A s'habituer aux responsabilités, à la société. A savoir vouloir.

A mes débuts, j'ai eu du mal, j'étais un peu pataud, j'avais des complexes. Comme j'ai dû en avoir à l'école parce que les filles préféraient les costauds, grands et minces, plutôt que les arrondis un peu maladroits. Une bonne raison de les faire rire, ce qui – on l'a compris – n'a pas réjoui longtemps mes professeurs. Tandis que chez les scouts, le climat était différent, un boute-en-train, un rigolo qui raconte des histoires trouve parfaitement sa place dans la troupe, et mon côté bricoleur représentait une qualité supplémentaire. Bref, je m'y sentais bien.

– Puisque c'est comme ça, tu n'iras pas...

J'aurais donné n'importe quoi pour ne pas manquer l'expédition prévue, le prochain camp. Dès l'heure venue, j'enfilais le short et les grosses chaussures, j'accrochais mes galons, et en route pour l'aventure!

L'hiver, on vivait à la dure, dormant sous la tente même par un froid polaire, se lavant dans l'eau d'un ruisseau absolument glacé, mangeant dehors sur des meubles construits par nous, près de l'autel de bois monté par nous aussi pour que le curé vienne dire sa messe. Le feu que l'on allume en frottant deux morceaux de branche, le pain dont on malaxe la pâte avant de la faire cuire dans un four de fortune, les longues randonnées en patrouille à travers le massif de Marseilleveyre, dans les calanques, les odeurs de genêts, d'arbouses et autres parfums de la garrigue provençale, c'était féerique, une récréation prodigieuse.

Mon père est passé une fois me voir, avec sa DS bleue, il a eu l'air content. C'était l'année qui a précédé sa mort. A l'époque, je devais être chef de patrouille, après avoir gravi tous les échelons hiérarchiques : scout, second de patrouille, chef avec l'orgueil de l'avoir mérité ! Notre patrouille s'appelait « Hirondelles à tire-d'aile », il y avait aussi « Chamois toujours plus haut » ! Un monde à part où chacun a son rôle, comme au théâtre, jamais je n'oublierai le mien.

D'autant que j'en appréciais même la discipline, elle allait de pair avec la liberté qui en découlait. Et avec l'imagination qui inventait le reste. En tant que simples scouts, on se racontait des légendes de chefs, on fantasmait sur leurs vies trépidantes et leurs intentions mystérieuses. Si nous campions à cet endroit, c'était certainement parce que le camp des guides (des filles) se trouvait à trente kilomètres de là et que, la nuit, notre chef partirait avec une lampe de poche et sa boussole à la rencontre de la cheftaine qui marcherait en sens inverse et... Cela valait bien un film d'Hitchcock et aidait les ombres à être moins noires.

Surtout, ces parties de campagne donnaient un sens à la vie, je veux dire à l'amitié. Tous pour un, un pour tous, comme les mousquetaires, n'est-ce pas le rêve des enfants solitaires ? Est-ce que je l'étais ?

Aujourd'hui, il paraît que le scoutisme a changé et que de fortes connotations politiques pèsent sur son fonctionnement. C'est possible. Je n'ai rien perçu de tel à mon époque, *tout au plaisir alors de vivre/sous le signe de l'amitié*, aurait dit Francis Carco.

De ce temps-là, j'ai encore un copain, maintenant journaliste au *Provençal*, un autre, cégétiste forcené (nos déjeuners ressemblent à des tournois d'extra-terrestres!), un ex-chef scout médecin à Arles.

L'autre jour, pendant un enregistrement de « Disney Parade », entre deux prises, j'ai fredonné inconsciemment un chant scout, et quelle ne fut pas ma surprise quand une voix a enchaîné en coulisses, c'était l'ingénieur du son. Après l'émission, il est venu me voir et nous avons échangé nos souvenirs, intacts après trente ans. La chanson avait agi comme un code.

Alors que je me vois mal aujourd'hui échanger des impressions de communions privées ou solennelles. Pourtant je les ai faites. Ce qui m'avait frappé, c'est qu'il fallait les mériter par son assiduité, une façon comme une autre de vous forcer à entrer dans le système. Se montrer à l'église pour que les autres vous y remarquent – aller se confesser. S'enrôler en quelque sorte dans un mécanisme sévère, austère certes, mais voyant.

A ce compte-là, je préfère la foi lumineuse de ma tante, la gaîté qu'elle en tire, le refuge qu'elle y trouve. Quand j'arrive chez elle, à quelque moment que ce soit, elle est plongée dans son livre de prières. Tout y est prévu, telle prière pour se protéger de ceci, telle autre pour s'aider à cela. Son seul souci est de ne pas pouvoir lire « son livre », qu'elle use à force de l'utiliser. Il m'est arrivé deux fois déjà de le lui changer contre un neuf, toujours le même, qu'elle épuisera comme les précédents. La foi que devaient partager mes grands-parents. La foi spontanée.

La foi, pour moi, ne se découvre ni dans les livres ni devant l'autel. J'ai souvent pensé que mes parents auraient tout aussi bien pu décider de nous élever, mes sœurs et moi, dans la religion israélite de ma mère, avec d'autres habitudes et d'autres lieux de culte. La face du monde n'en aurait pas été changée pour autant, il me semble. Croire est un acte personnel, une intime conviction que l'on a, ou pas.

Pourtant, au-delà des décisions que l'on ne prend pas, m'est venue un jour l'envie d'y voir clair moi-même. C'était après la disparition de mon père, je devais avoir largement seize ans, je n'en finissais pas de tourner en rond dans ma colère. Je doutais de tout, de tout le monde ; le présent était gris, l'avenir problématique. Et j'ai eu l'occasion de m'en ouvrir à un prêtre du camp scout où j'étais, le père Stanislas, qui m'a conseillé de me rendre à l'abbaye d'En-Calcat, dans l'Aude, pour y faire une courte retraite. Pour y faire le point, en quelque sorte.

Je me suis retrouvé tout seul dans une cellule, les moines qui m'entouraient avaient fait vœu de silence. Le temps était ponctué d'heure en heure par les cloches, par les prières, par la lecture et par les chants, le jour, la nuit, avec matines, vêpres et complies... Dans les zones de silence, parler, si nécessaire, s'accomplissait par gestes. Un autre univers, un cheminement au-dedans de soi, impressionnant, où tout se pèse, le bien, le mal, où tout se met en place. Dix journées de solitude irréelle dont je suis sorti ébloui, au sens plein du terme. Une sensation de bien-être extraordinaire. Presque le souhait d'y rester. Sûrement l'envie d'y retourner. Plus tard, peut-être.

Tout de suite après, j'ai commencé à travailler.

Pas de bac, pas de goût pour les études, une énergie farouche et une folle envie de réussir : voilà en résumé ce qui trottait dans mon esprit en ce début d'été 1966, alors que j'épluchais les petites annonces du *Provençal* et du *Méridional*. Une vocation, j'en avais une : faire de la radio. Avec une autre piste possible : devenir avocat, défendre la veuve et l'orphelin, les faibles, les opprimés, combattre l'injustice. En classe j'avais toujours été le premier à crier « Non, ce n'est pas lui », avec le succès que l'on sait ! Seulement il aurait fallu reprendre le chemin des circuits scolaires, et même si j'avais pu m'en convaincre, j'étais conscient que ça coûtait trop cher. Donc, d'abord, trouver du travail.

Si vous voulez faire fortune, rendez-vous de dix heures à midi à l'Hôtel Beauvau pour rencontrer Monsieur Tartempion actuellement de passage à Marseille.

J'y cours ! L'homme est impressionnant, assez fort, ne fait pas dans le détail :

– Vous avez le permis de conduire ?

– Oui !

– Une voiture ?

– Oui, je réponds en pensant à celle de ma mère.

Il me remet une mallette remplie de porte-clés, un catalogue, et ajoute :

– Vous ferez le secteur sud-ouest, de Marseille à Toulouse. Vous serez payé à la commission.

Dire l'émotion, la fierté que j'ai ressenties à cet instant, c'est impossible. J'étais engagé et j'allais être payé ! Je rentre à la maison, j'explique la situation à ma mère, qui accepte de me prêter sa 2 CV, et vogue la galère !

Nous étions en pleine époque de copocléphilie, chaque café, chaque alimentation, chaque entreprise distribuaient des porte-clés à son image, et tout un réseau commercial était en train de se mettre en place autour de cette nouvelle mode publicitaire. Quant à nous, moi et mes petits camarades engagés dans la matinée, nous étions probablement tous logés à la même enseigne, fauchés et ignorant tout du système de paiement à la commission.

Avec quelques vagues notions de ce que nous pouvions proposer à d'éventuels clients, nous voilà partis à l'aventure, de ville en ville, de sociétés en associations, à l'affût des commandes. Encore fallait-il attendre que les commandes en question soient livrées, et les factures payées, pour que nous le soyions à notre tour !

Pour la fortune promise dans l'annonce, c'était raté, ou pour plus tard... Juste une petite avance de temps en temps, en insistant beaucoup. Pas de quoi aller à l'hôtel, je couchais dans la 2 CV, sur les terrains de camping que je trouvais sur mon passage. Mais je n'étais pas découragé pour autant.

A la même période, un ami de toujours, Claude Moreau, n'avait pas trouvé mieux que de répondre à une autre annonce, beaucoup plus excitante que mon travail de porte-à-porte. Il s'agissait de Radio-Monte-Carlo qui, accédant aux grandes ondes, lançait de nouveaux programmes et cherchait des animateurs débutants de moins de vingt ans. Il ne m'en avait d'ailleurs rien dit.

Claude était déjà mon complice dans divers domaines touchant de près ou de loin au spectacle. On faisait partie d'une association de jeunes, « Inter-jeunes de France et d'Europe », on avait même organisé un gala mémorable, les Rolling Stones à Marseille... Mais oui ! Cela devait se passer en 1965 et c'est un troisième personnage qui nous avait entraîné dans cette folie, Jimmy Guieu, auteur de romans de science-fiction. Un « vieux » de quarante ans qui, Dieu merci, ne manquait pas, lui, d'expérience ! Notre patron, en quelque sorte, puisqu'il dirigeait l'association dont les bureaux, situés rue Colbert, étaient loués à un quatrième larron, Albert Andrieux, surnommé « l'espion ». Pourquoi ? je ne m'en souviens plus, mais ça lui est resté. Aujourd'hui, quand on parle de lui, on dit encore :

– Tu as des nouvelles de l'espion ?

Jimmy émargeait aussi à Radio-Marseille, et dès qu'il avait besoin d'un témoignage d'adolescent,

Claude et moi lui servions de cobayes, en guise d'apprentissage sur le tas. Bref, l'association avait réussi à convaincre les Rolling Stones de chanter à Marseille pour un cachet qui nous avait semblé absolument ahurissant : soixante dix mille francs! C'est moi que l'on avait chargé de les accueillir à Marignane pour les conduire à l'Hôtel Ruhl qui donnait sur la corniche, et j'avais dû auparavant parcourir tout Marseille en mobylette pour trouver du *Darjeeling Tea*, le dernier caprice en date de ces jeunes rock-stars...

A quelques heures du concert, au dernier moment, on nous a dit qu'il fallait absolument attacher les fauteuils des spectateurs, sans doute pour éviter qu'ils volent dans la salle. Il faut savoir que leur passage éclair à l'Olympia et à Lyon, juste avant, avait laissé les lieux à peu près dans le même état que si Attila et sa horde de Huns étaient sortis de l'au-delà pour un galop ultime sur les plaines gauloises. Mais nous, on n'était pas inquiets, le petit assureur qui avait accepté pour nous faire plaisir d'assurer les locaux ne l'était pas non plus, il n'avait jamais entendu parler des Stones! Nous étions donc tout prêts à attacher ce qu'on voulait, et les fauteuils en l'occurrence, avec de longues barres en bois que nous avions empruntées à un copain compatissant dont le père était menuisier.

– Tu les récupéreras demain sans problème. Ni vu, ni connu, ton père n'en saura rien.

Ce n'est pas des barres que l'on a rendues le lendemain, ce sont des allumettes! Un vrai massacre! Et une engueulade bien méritée!

En première partie, nous avions Les Problèmes (le chanteur Antoine accompagné par les Charlots), et en lever de rideau, les Why not, des copains de classe qui avaient monté un orchestre plus marseillais qu'il est possible de l'être ! Pour les essais du son, ça donnait :

– Oineu, tou, oineu, tou, sri... Ho, tu m'engtends ?

A la dernière chanson des Stones, *Satisfaction*, Mick Jagger a pris une cannette de bière en plein front qui lui a ouvert l'arcade sourcilière. Et a ruiné du même coup notre pauvre assureur.

Evidemment, ce concert inoubliable était le summum de notre carrière balbutiante, mais nous nous y étions pris bien plus tôt, Claude et moi, enregistrant pendant des heures des parodies de toutes les émissions de radio que nous connaissions sur le magnétophone que lui avaient offert ses parents. Il y avait le fameux « Rendez-vous à cinq heures » sur Paris-Inter (de Jean Fontaine et Manette Sauzet), le « Grenier de Montmartre », avec ses chansonniers, et surtout Georges Lourier, que je trouvais formidablement sympathique et chaleureux, et que je rêvais de rencontrer. Une voix sublime ! Et vraiment ça nous épatait, ces gens qui s'exprimait devant des trucs en fer dans des studios parisiens et que l'on entendait chez nous avec une telle clarté, qui s'appliquaient là-haut à nous distraire, à nous faire pleurer ou hurler de rire par le seul truchement de la parole. Aucun de nous n'avait la télévision, la radio représentait une véritable évasion. Ainsi, nous copions tout sur ce magnétophone, les dramatiques, les bruitages, les présentations de disques, les imitations, dès que nous rentrions de l'école. Une véritable obsession qui laissait loin derrière l'intérêt que nous aurions dû porter, par exemple, aux leçons de géographie.

C'est pourquoi, lorsque trois jeunes producteurs, José Artur, Claude Dupont et Michel Godard, lancent pour leur émission du soir « Ardugo » (les trois premières syllabes de leurs noms) un avis de recherche afin de trouver des correspondants bénévoles dans toute la France, nous n'hésitons pas une seconde, nous proposons notre concours. Et nous sommes pris sans combat, faute de combattants – nous sommes les seuls à avoir répondu à Marseille!

Un journaliste parisien est arrivé pour nous aider à faire notre enquête auprès de la jeunesse marseillaise. « Pourquoi n'y a-t-il pas de Maison de Jeunes dans notre ville ? Est-ce que vous ne souhaitez pas que... ? Qu'est-ce que vous pensez de... » On a même demandé une interview à Gaston Defferre. Sans succès. Mais le reste devait tenir debout puisque notre reportage est passé, avec en clôture la chanson des Parisiennes intitulée *Il fait trop beau pour travailler...* Un triomphe, du moins entre nous, mais pas de quoi nous faire tourner la tête.

Tout de même un peu... En allant à Paris rendre visite à ma tante, j'ai fait un jour un saut jusqu'à la Maison de la radio pour envoyer un mot à mes copains. Parce que le cachet de la poste indiquait « Maison de la radio » sur l'enveloppe, comme un début de preuve!

Tout ce détour pour revenir à mon ami Claude et expliquer sa démarche (à laquelle il m'avait associé) de postulant animateur à Radio-Monte-Carlo, pendant que je m'ingéniais à vanter les vertus du porte-clé personnalisé avec tout le sérieux nécessaire, même si la paye tardait toujours à apparaître. Quand Claude m'a prévenu que nous étions convoqués sur la Canebière pour passer un test de présélection, ça ne pouvait donc pas m'épater outre mesure, ce n'était que la continuation de notre jeu préféré. Mais qu'il ait pensé à m'associer à sa démarche sans même me le dire, ça, c'était étonnant ! C'était l'amitié, le partage. Je ne pouvais pas savoir que c'était aussi la chance de ma vie !

Calmement j'ai inventé une excuse pour ne pas aller travailler, j'ai dit que ma voiture était en panne et j'ai rejoint Claude aux studios « Radio-Production », 37, La Canebière, le cœur battant.

Nous avons rencontré là M. Jean-Louis Sarre, l'homme à qui je dois ma carrière, qui nous a testés sur une foule de questions les plus diverses, dans l'intention de vérifier notre culture générale et, probablement, notre présence d'esprit.

– Comment s'appelle le ministre actuel de l'Education nationale ?

– Quelle est la capitale de l'Australie ?

– De quel côté roulent les trains en France ? Etc.

On en avait vu d'autres et rien ne nous a démontés.

Deuxième épreuve : « Une jeune étudiante anglaise vient de tomber malade et n'a plus de ressources. Elle a besoin d'argent pour continuer ses études... Lancez un appel. » Je me suis surpassé. Ce n'était pas un appel, mais un cri d'alarme à faire sangloter le littoral tout entier! Si l'étudiante avait existé (et si le message avait été diffusé à l'antenne), elle aurait été milliardaire dans l'heure qui suivait! Tout ce que j'avais inventé à l'école pour dérider mes camarades, mes meilleurs délires, tout ce qui me venait à l'esprit! Treize ans de formation professionnelle, de lycée en lycée, au service d'une jeune fille égarée... Puis nous avons repris la Canebière en sens inverse, heureux de notre prestation. Merci, Monsieur, au revoir, Monsieur. Les porte-clés m'attendaient.

Quelques jours après, ma mère reçoit un télégramme à mon nom :

Vous êtes retenu pour la grande finale. Venez à Monte-Carlo tous frais payés, 16, boulevard Princesse-Charlotte. Jean-Louis Sarre.

Elle s'affole, car il y a manifestement urgence et qu'elle ne sait pas où me trouver. Les campings ne manquent pas dans le Sud-Ouest et sur la Côte, elle les a tous faits par téléphone, aidée de Claude qui, lui, n'avait pas été sélectionné.

Curieux, l'existence! C'est lui qui avait écrit pour nous deux, et c'est moi qui gagnait. Sans lui, j'aurais peut-être continué longtemps mes errances de VRP, il était à l'origine de mon premier rendez-vous avec la chance. Grâce à lui, et à l'opiniâtreté de ma mère qui m'a cherché partout, sans renoncer, alors qu'un poste d'animateur de radio n'entrait pas forcément dans ses aspirations maternelles (mes sœurs avaient choisi des voies plus convenables et sûrement plus rassurantes : sciences éco pour l'une, médecine pour l'autre), j'ai pu enfin être prévenu par le gardien du camping municipal de Carcassonne, rentrer à temps, reprendre mon souffle, faire un brin de toilette, avant de chercher une carte routière. Car je n'avais pas la moindre idée de la distance qui me séparait de ma prochaine destination !

Monte-Carlo, ville de légende, berceau de princes et de milliardaires, me voilà ! La nuit est douce, nous sommes en juin, j'ai du mal à y croire, ça ressemble à un décor de cinéma. A l'entrée de la principauté, en guise de frontière, il y a une borne, énorme, un genre de menhir coupé en deux à la verticale, avec la France indiquée d'un côté et Monaco de l'autre. J'attendais presque des douaniers, un poste de contrôle, mais ce n'est plus de mise... Je dois me rendre à l'Hôtel du Helder, une chambre est retenue à mon nom.

Le lendemain matin, les éliminatoires recommencent, il y a huit cents postulants pour une place ! Trois finalistes sont retenus : Guy-Pierre Bennet, un Catalan perpignanais, Patrick Topaloff et moi. Et plutôt que d'avoir à trancher une dernière fois, nos « examinateurs » décident de nous engager tous les trois, avec pour chacun un tiers du salaire initial, autrement dit six cents francs de l'époque par mois, chambre et petit déjeuner compris. Une fortune ! Pour trois mois renouvelables une fois, tout est inscrit sur le contrat. Fini le camping, c'est une vie d'artiste qui m'attend !

J'ai déjà parlé de la chance, et j'y reviendrai souvent. J'en ai. Sans doute faut-il encore apprendre à la saisir au moment où elle passe, et peut-être compte-t-elle plus dans le métier que je fais, que j'ai toujours voulu faire. C'est pourquoi je n'en tirerai pas de théories pompeuses ni de règles à suivre, j'ajouterai seulement que j'avais en outre la chance supplémentaire de savoir ce que je voulais, et que ma volonté tout entière était tendue vers ce but. Avec le soutien inestimable de l'amitié.

Pour l'heure, je me préparais à quitter ma famille, ma maison, mes copains, ma ville, ma chatte Pâquerette que j'adorais, pour une sorte d'exil que je croyais doré. Dès l'arrivée à Monaco, j'ai déchanté. Dans ma poche, il y avait l'ultime télégramme de RMC qui disait : « Vous êtes logé au Monte-Carlo Palace Hôtel », et j'avais déjà pensé à me commander des cartes de visite.

Jean-Pierre Foucault
Animateur à Radio-Monte-Carlo
Monte-Carlo Palace Hôtel

A dix-neuf ans, quelle classe !

Je devais retrouver Patrick Topaloff à l'entrée de l'hôtel, une vieille résidence luxueuse avec grooms, voituriers, liftiers et fauteuils profonds. Nous nous présentons fièrement devant le concierge.

– Messieurs ?

– Nous sommes les deux nouveaux présentateurs de Radio-Monte-Carlo !

Sans même nous regarder, d'un geste sec et méprisant, il tape sur sa petite sonnette. Un chasseur arrive, essoufflé.

– Accompagnez ces messieurs à l'annexe.

Sur le même ton, il aurait pu jeter du haut de ses fonctions : « Fusillez-moi ces va-nu-pieds ! »

Adieu veau, vache... L'annexe en question est située juste derrière, dans la partie désaffectée du bâtiment, avec un ascenseur en panne « momentanée » qui n'a jamais marché et des chambres sordides, grisâtres, qui donnent sur un boulevard transversal, une voie de passage intensif excluant absolument l'ouverture des fenêtres.

– Ce n'est pas possible que vous restiez là !

Ma mère, venue nous rendre visite, est atterrée. Pour égayer un peu, elle me rapportera un couvre-lit vert que j'ai toujours conservé. Nous avons tenu là trois mois, puis nous avons réussi à récupérer l'argent destiné à notre logement pour louer un minuscule appartement à Roquebrune-Village, un petit hameau médiéval accroché au rocher qui surplombe la rade de Menton. Une dame venait même faire le ménage, elle était chargée de l'entretien de la maison qui appartenait à un peintre. Mais ce confort était nettement au-dessus de nos moyens.

Quand elle allait taper à la porte de Patrick avec la « petite note », il répondait : « Allez donc voir Monsieur Jean-Pierre... », et vice versa. La plupart de mes talons de chèques indiquaient « avances Patrick », c'était sans solution ! Mais Emilie venait tout de même, une sainte femme à sa façon.

Le mépris du concierge de l'hôtel aurait dû nous éclairer sur ce qui nous attendait à la station de radio. L'antenne avait été créée pendant la guerre, elle tournait, bien huilée sur ses vieilles habitudes, on ne nous attendait pas. Nous avons vite compris que nous avions intérêt à lutter de front, le Parisien et le Marseillais, pour faire face au rejet général des animateurs et des techniciens en place. Nous étions la bleusaille, nous dérangions. De surcroît, nous manquions d'expérience, indéniablement, mais au lieu de nous aider, la bataille s'est engagée tout de suite.

Il faut avouer que le pari de Jean-Louis Sarre, l'un des responsables du lancement des grandes ondes, avait de quoi perturber le ronron quotidien des programmes des ondes moyennes, et plutôt que de garder les « anciens », il avait choisi de tout bouleverser en cherchant à l'extérieur le sang neuf qui lui manquait. Et il était le seul à y croire, donc notre seul protecteur. Ainsi, sans le vouloir, nous avions pris soudain le rôle de prédateurs.

Notre première émission s'appelait « Danse à gogo », c'était à vingt-deux heures trente. A cette heure-là, nous ne risquions pas de déstabiliser trop les auditeurs, et notre seule consigne était de passer des disques avec la décontraction déjà largement adoptée par Europe n° 1 et Radio-Luxembourg. Eh bien, ça gênait! Pour parler, je parlais... mais dans le vide. Incroyable mais vrai, le technicien qui travaillait avec moi – contre moi, plutôt – m'envoyait le rouge (la lampe qui indique que le micro est ouvert) et n'actionnait son bouton qu'à moitié, le micro restant fermé. Pendant ce temps, loin de tout et du sordide, l'ami Claude Moreau faisait le tour du monde en bateau et écoutait mes silences sur ondes courtes!

Pour la petite histoire, un autre « débutant » avait une place sur la grille à la même époque, dans « Passeport pour le soleil », chaque après-midi à dix-sept heures. C'était Bernard Tapie qui venait d'enregistrer une chanson dont le titre avait inspiré le nom de son émission.

Après « Danse à gogo », à la fin de l'été, Patrick et moi avons dégringolé au stade de bouche-trous itinérants, un quart d'heure par-ci, une demi-heure par-là, selon le non-désir de notre entourage. Rien de tel pour tremper le caractère! Avec l'ouverture en direct, de six heures à six heures trente en alternance, un matin l'un, un matin l'autre. On se réveillait mal d'une mauvaise nuit où l'on s'interrogeait sans cesse : demain c'est lui ? C'est moi ? C'était infernal! A cette heure-là, on passait des marches militaires. Notre grande blague, c'était de cacher le transistor allumé de celui qui restait à la maison avec le son à fond. L'antenne démarrait sur l'hymne monégasque en demi-teinte, puis « Bonjour, il est six heures, je vous souhaite une heureuse journée! », et hop, une bonne musique militaire qui hurle dans l'armoire que l'autre met dix minutes à ouvrir pour éteindre enfin le poste... Ça réveille ! On s'amusait comme on pouvait.

Jusqu'au jour où la malveillance a dépassé les bornes, la police me convoquant pour « délit de fuite ».

– Vous êtes bien le propriétaire de la voiture immatriculée 8921 BL 13 ?

C'était effectivement le numéro des plaques de la fidèle 2 CV re-prêtée par ma mère.

– Vous avez renversé une personne tel jour à telle heure et vous ne vous êtes pas arrêté...

Ça, c'était le bouquet ! Au moins, j'étais certain de n'avoir rien fait de répréhensible, j'appelle tout de même Patrick pour savoir s'il s'était servi de la voiture. Non. Je réponds que ce n'est pas moi, pas lui, pas non plus la 2 CV, que de plus je ne me serais pas enfui si par malheur il m'était arrivé un accident de ce genre, etc. Mais il faut le prouver, je risque d'être expulsé *manu militari* de la principauté.

Dans mon malheur, j'ai encore une fois de la chance : à force de remplacer qui veut aux heures les plus variées de la grille de programmes, je peux peut-être démontrer qu'au moment où je suis soupçonné du pire, je me trouvais en fait en direct à l'antenne. Et c'est le cas : de 13 h 02 à 15 h 08 ce jour-là, je papotais encore dans un micro, le très strict tableau de service de la régie en fait foi. La plainte est retirée. Déposée par qui ? Un anonyme qui s'applique à le rester. Mais ça fait mal quand même. Presque peur.

Moi qui rêvais d'entrer dans la vie professionnelle, j'avais décroché le gros lot! Et pourtant, je n'avais pris la place de personne, je m'étais contenté au contraire de ce que les autres ne voulaient pas, les heures creuses, les remplacements au pied levé, sans rechigner, conscient de débuter, d'avoir tout à apprendre. Je payais là pour un incontournable défaut : ma jeunesse. Plus tard, je paierai pour un autre : le succès. Sans pour autant changer de règle puisque, jamais, je n'ai pris la place de qui que ce soit. Une règle d'or à laquelle je suis très attaché. On peut me répondre que le hasard fait bien les choses, c'est possible. Mais c'est comme ça! Je n'ai accepté toute ma vie que des postes vacants ou des créneaux qui n'existaient pas avant moi. Une règle. Il y a assez de radios et de chaînes de télévision pour ça.

En fait, j'étais blessé, je pensais que finalement la vie était plus belle à vendre des porte-clés. Quand, quelque temps après, Patrick et moi avons appris que notre contrat ne serait pas renouvelé, cela m'a soulagé. Fin décembre 1966, notre départ nous a été notifié par le directeur financier, le très digne M. de la Panouse, qui a cru devoir ajouter :

– Reprenez vos études, vous n'êtes pas faits pour la radio!

Une réflexion de visionnaire, puisque trois ans plus tard j'ai rempilé à RMC pour une vingtaine d'années! C'était aussi un véritable cadeau de Noël, nous étions fatigués de lutter.

Le 31 décembre 1966, nous voilà, Topaloff et moi, dans la 2 CV compatissante, montant gaiement à l'assaut de Paris. Un réveillon nous attend chez les parents d'une amie de Patrick, dans le Loiret, où nous sommes reçus comme des princes. Et le 2 janvier au matin nous débarquons dans la capitale avec, pour ce qui me concerne, un programme bien établi. Premièrement, aller trouver José Artur (s'en souvient-il ?), qui animait déjà son « Pop Club » la nuit sur France-Inter.

– Bonjour, monsieur, je voudrais faire de la radio...

– C'est une bonne idée, m'a-t-il répondu, envoyez-moi une maquette.

Evidemment ! Quoi répondre d'autre ? « Asseyez-vous, jeune homme, je vous laisse ma place ! » Comme nous sommes pressés par le temps, je remets la méthode de la maquette à plus tard et saute directement à la phase deux de mon plan : Radio-Luxembourg, rebaptisée tout récemment RTL sous la houlette de Jean Farran. Là, je passe une audition devant je ne sais plus qui, qui m'affirme gentiment que c'est très bien, que je peux rentrer chez moi, que bientôt on m'écrira...

Bon. A ce stade des démarches, il nous reste un atout dans la manche, et il est de poids : Jean-Louis Sarre, l'homme de RMC et notre seul soutien, sans doute un peu navré du départ forcé de ses deux protégés, avait demandé pour nous un rendez-vous à Lucien Morisse, le patron des programmes d'Europe n° 1, plus connu du grand public pour son mariage (puis son divorce) avec Dalida.

Europe n° 1, à l'époque, c'est la star des radios, la plus jeune – tant par âge (créée en 1954) que par son auditoire –, la station des yé-yé avec « Salut les copains », du jazz avec l'émission culte de Frank Ténot et Daniel Filipacchi, et du rire avec Maurice Biraud tous les matins. C'est surtout l'invention d'un style nouveau, à la fois rapide et décontracté, qui a balayé d'un coup les habitudes de la bonne vieille TSF de mon enfance. Maurice Siegel règne sur l'information, Lucien Morisse fait la pluie et le beau temps dans l'industrie du disque, lançant les uns, écartant les autres selon son goût et son humeur. On ne lui connaît qu'une erreur, c'est de ne pas avoir cru au premier 45 tours de Johnny Hallyday, qu'il aurait même brisé en direct à l'antenne dans un geste de colère !

Pour l'heure, Lucien Morisse est souriant dans son petit bureau rempli de disques et de gadgets. C'est la période des deux boules en plastique plus ou moins « fluo » attelées parallèlement à un anneau de même matière que l'on fait claquer au nez du premier qui passe. Les gosses en font des concours, Lucien Morisse s'en sert comme d'une ponctuation sonore (reprise par Jean Yanne dans son film *Tout le monde il est beau, tout le monde il est gentil!*). Je commence :

– Ben voilà, j'ai fait de la radio à Monte-Carlo...

Clic, clac.

– Et... et moi au... aussi..., ajoute Topaloff, qui bégayait pas mal dans la vie, mais jamais au micro.

– Allez, je vous engage ! (Clic, clac.) Revenez la semaine prochaine !

On le regarde sans y croire, il ne sait rien de nous.

– Vous m'êtes sympathiques, vous ferez la nuit en alternance. (Clic, clac, clac.) Une semaine, toi, tu animes et toi, tu réalises, et le contraire la semaine suivante. Ça vous va, les cocos ?

Clac, clac. On peut tomber sous le « délit de sale gueule », le « délit de fuite » (j'en sortais !), nous avons probablement bénéficié du « délit de bonne bouille », un vrai miracle dont Jean-Louis Sarre avait sans doute une large part. Quoi qu'il en soit, c'était gagné, nous avons débuté sur Europe n° 1 comme ça, par un coup de cœur réciproque.

Et on a tout appris là-bas, une vraie école pour nous (et pour tant d'autres). Nous étions les deux derniers arrivés, on nous a accueillis à bras ouverts. Notre première émission, « Service de nuit », durait une heure et demie, de vingt-trois heures trente à une heure du matin. Une vraie famille, un peu distraite cependant : nous étions les nouveaux, le duo Topaloff-Foucault et on nous confondait comme si nous étions jumeaux. « Eh, Topaloff ! » S'il n'était pas là, c'était moi ! Pas de quoi s'en formaliser, nous étions si contents d'être là !

« Faites ce que vous voulez ! Allez-y ! » Clic ! avait recommandé Lucien Morisse de sa voix basse, avec cette curieuse élocution qu'il avait, à la fois lente et hachée, avant de disparaître dans un couloir avec son jouet frappeur. J'étais éberlué.

A RMC, nous avions été utilisés comme une sorte de pousse-disques : « Voici Machin qui va chanter... », « C'était Machin qui nous interprétait... », et tout d'un coup nous devenions animateurs à part entière, avec en plus le cours du soir gratuit. Car nous travaillions en équipe, notre programmateur, Jean-Pierre Abraham, nous laissait choisir les disques, mais il nous expliquait pourquoi celui-ci plutôt que celui-là, comment réussir une illustration sonore, comment donner une unité, une logique au temps qui nous était imparti. J'en prenais plein les yeux et plein les oreilles, j'essayais tout, j'étais partout à la fois jusqu'à ce que l'émission commence et qu'il me reste à mettre mes découvertes en pratique.

Il n'existe pas de guide du parfait petit animateur, pas de règles, ça se passe à l'instinct, c'est un partage, une autre façon d'engager la conversation. Je crois que j'avais ça dans le sang. Il y a des gens dans ce métier qui « jouent leur rôle », qui se construisent un personnage devant le micro ou la caméra, puis qui se déshabillent en sortant du studio. Moi pas. Ce que je suis face au public, je le suis dans la vie. Le même. On ne me prendra pas en défaut. Je n'ai pas joué le rôle du bon élève à l'école (tant s'en faut !), pas plus que je ne me force à incarner l'animateur de radio ou de télé. J'aime ça, c'est tout. Et c'est sûrement plus simple.

« Que va-t-il devenir ? » Cette fois, je le savais. Certes, j'avais rêvé ça, et d'avoir une voiture comme les pères de mes copains, comme le mien. Mais la réalité dépassait mes espérances, la route semblait tracée, droite, enthousiasmante.

Très vite, ils ont compris que j'étais, que nous étions prêts à tout, et on nous a donné une activité supplémentaire : les interviews-trottoir pour Jacques Lanzmann, qui animait une émission du soir assez osée pour l'époque, intitulée « Rendez-vous avec *Lui* ». *Lui*, c'était le journal du groupe Filipacchi. Et nous étions chargés, nous, de la séquence « Le Mot dans la rue ». En conférence de rédaction, Lanzmann se tournait vers moi et me disait :

– Toi, Jean-Pierre, tu vas aller sur les Champs-Elysées avec ton micro et tu vas demander aux gens ce qu'ils pensent de l'homosexualité...

Alors, jovial, avec mon bel accent chantant et mon « nagra » à l'épaule, j'y allais, confiant.

– Pardon, madame, pour vous, l'homosexualité qu'est-ce que c'est ?

Et il y avait pire ! Je me faisais insulter ! Il faut voir que c'était avant Mai 68, que je venais de ma province, que ma candeur était aussi ahurissante que sincère, mais que rien au monde ne m'aurait fait renoncer. L'homosexualité, pour moi, étant donné mon éducation, c'était le diable revenu des enfers ! Mais qu'importe, je partais ! Quand on ne sait pas que le chien va mordre, on n'a pas peur du chien ! Moi, je n'avais peur de rien, si ce n'est de revenir bredouille.

Très vite, j'ai compris que j'avais plus de chance d'obtenir quelques bribes de réflexion sur le « sujet » en attaquant systématiquement la file des gens faisant la queue devant les cinémas. Coincés là, il fallait bien qu'ils parlent.

Ça a marché ! Et Lanzmann, comblé, m'a préparé d'autres galères plus perverses, que j'assumais au premier degré et qu'il utilisait au second, comme d'aller interviewer Jean Marais sur ses rapports avec les femmes. Ou Luis Mariano... Je n'étais au courant de rien, personne d'autre que moi n'aurait accepté de poser des questions aussi stupides, c'était insensé ! D'autant que je ne comprenais pas non plus l'hilarité de Lanzmann et de son équipe quand j'apportais le résultat de mes enquêtes « déviées » que je trouvais, pour ma part, d'une grande banalité.

Evidemment, on coupait mes questions à l'antenne :

« Et maintenant, voici " Rendez-vous avec *Lui* ", grâce à... à Me... Mennen, pour nous, les... les hommes ! » reprenait chaque soir Jacques Lanzmann, qui bégayait aussi, même au micro.

Que reste-t-il de ces aimables facéties, je n'en ai pas la moindre idée, j'espère au moins que mes « clients » interrogés ne m'en ont pas voulu. Bien sûr, je ne m'en suis pas vanté depuis, ni auprès de Jean Marais, ni auprès des autres, comme je n'ai pas non plus rappelé à José Artur son accueil rapide mais pas décourageant. Je ne suis pas un grand bavard, contrairement à ce que ma profession peut laisser supposer. Le seul à qui j'ai avoué mes anciennes extravagances, c'est Yves Montand, au cours d'un rendez-vous récent. Mon aventure le concernant remontait d'ailleurs à une période plus ancienne, je devais avoir quinze ans. Et ma tante nous avait invités, ma sœur Anne et moi, au Théâtre du Gymnase pour y voir *Des clowns par milliers*, avec Marlène Jobert totalement inconnue et Yves Montand déjà superstar. Moi, j'étais un fan, je voulais le voir de plus près. J'ai donc attendu la fin de la pièce et j'ai entraîné ma sœur dans les coulisses, en me faisant passer pour un (jeune!) journaliste.

A ma grande surprise, on m'a indiqué sa loge, nous sommes montés en tremblant et nous l'avons vu, en chair et en os, immense, dans un épais peignoir blanc. Un choc! J'ai bredouillé néanmoins que je voulais l'interviewer pour une radio de Marseille, que je n'avais pas mon matériel mais que je reviendrai... Il a souri, il nous a fait asseoir, nous avons bavardé cinq minutes. Cinq minutes de luxe, je peux vous l'assurer! Cinq minutes inoubliables pour moi.

Quand je lui ai raconté ça, presque trente ans après, il a bien rigolé. Naturellement, il ne s'en souvenait pas, alors que l'émotion de ce jour-là, pour moi, est encore vivace. Comme une conquête, une croisade de bon petit soldat qui prend d'assaut la forteresse interdite à l'aide de sa seule ferveur.

Et de la ferveur, j'en avais à revendre, le cancre du quartier du Lapin blanc à Marseille n'avait pas fini de s'étonner d'être parvenu à monter, marche après marche, sur le podium de ses rêves d'enfant. De là à en déduire que, quand on veut vraiment, on peut, il n'y a qu'un pas que la vie se charge souvent d'agrémenter d'obstacles, mais il est certain que le fait de savoir ce que l'on veut donne une force supplémentaire pour saisir à point nommé le hasard qui passe! Encore faut-il qu'il passe!

Des années après mon rendez-vous avec Montand, j'ai guetté des journées entières le passage de Jacques Brel sur la plage de Roquebrune-Cap-Martin où la rumeur laissait entendre qu'il venait se réfugier. Je travaillais à ce moment-là à nouveau à RMC, et une interview de Brel n'avait pas de prix. Plus personnellement, le voir de près, dire trois mots à cet immense chanteur m'aurait comblé. Sans prévenir personne je partais, mon magnétophone en bandoulière, et je prenais l'affût. Malheureusement je ne l'ai jamais rencontré, jamais, mais j'y ai cru longtemps. Un de mes seuls regrets...

Entre mes « Service de nuit » et mes micro-trottoirs lucifériens, un jour Lucien Morisse me convoqua et me dit :

– Viens voir, il faut que je te montre notre nouvelle grille de rentrée.

Waouh! Une pleine page de publicité dans *France-Soir* s'étalait sur son bureau, vantant notre nouveau programme, avec, tout en haut : « 6 heures, un accent ensoleillé vous réveille, Jean-Pierre Foucault. » Moi qui m'évertuais à essayer de le perdre, cet accent, c'était cocasse, mais quel cadeau!

J'habitais encore chez ma tante, donc à Neuilly, mais je m'étais décidé à acheter – à crédit – ma première voiture, une R 8 bordeaux dont j'étais tombé amoureux en passant devant le Pub Renault. Avec naturellement, en prime, un autoradio !

Désormais, mes journées ont commencé à cinq heures, réveillé grâce au souci attentif du veilleur de nuit d'Europe, Bernard, qui me sonnait par téléphone interposé :

– C'est l'heure, petit !

L'heure de la douche et du rasoir... Indispensable. Pour réveiller les autres dans la bonne humeur, les faire rire, jongler avec les disques, les messages de pub et les petites nouvelles quotidiennes, si on est tout fripé de la veille, hirsute et mal rasé, ça ne fonctionne pas. C'est Robert Willard, un pionnier d'Europe n° 1, qui m'avait appris ça. Il faut être propre sur soi pour avoir le moral, c'est aussi bête que ça. Du moins pour l'expérience qu'en avait Willard, et pour moi. Avec l'accent en plus, puisque Lucien Morisse en avait fait mon image de marque !

Je quittais la maison à « moins cinq », bondissais dans ma voiture, branchais la radio, remontais l'avenue de la Grande-Armée absolument déserte. A l'Etoile, je devais entendre le générique de fin des émissions religieuses.

– Au carillon d'Europe n° 1, il est exactement... six heures !

Là, j'étais en train de descendre les Champs-Élysées. Les infos et l'habituelle page de publicité me porte ensuite jusqu'au 26 bis, rue François-Ier, et le jingle de mon émission n'a pas égrené ses premiers notes que je suis déjà sur l'escalier que je grimpe quatre à quatre. Le temps de m'asseoir devant le micro, la lumière rouge, « Bonjour! » Ça n'a jamais raté! Je ne suis jamais en retard... et jamais en avance. Tout le monde le sait autour de moi et ne s'en inquiète pas. Un sixième sens et une manie, sans doute.

Je n'aime pas traîner dans les couloirs, attendre, tourner en rond, préparer l'imprévisible quand il s'agit d'une émission dite d'humeur. Préparer quoi ? Le temps qu'il fait ? S'il faut se préparer, c'est bien avant, c'est tout le temps, je ne cessais de me préparer en observant les autres.

Pendant ces trois ans d'Europe n° 1, je n'ai pour ainsi dire pas quitté la station, j'ai fait toutes les régies, j'ai assisté à toutes les émissions. Comme les pilotes d'avion amateurs dont le seul désir est que le pilote officiel ait une indisposition pour prendre enfin les commandes de l'appareil, mon souhait le plus ardent était que le réalisateur de service ait une course à faire et me demande de le remplacer momentanément.

A force de regarder, d'épier, d'être l'ombre de l'ombre de chacun des techniciens en place, j'ai réellement su tout faire au poste de régie. Sans me vanter. Monter une bande magnétique, réparer un magnétophone, et surtout d'un simple geste sur les manettes envoyer une musique, une chanson, une voix sur les ondes, plus rien n'avait de secret pour moi. C'était un choix déterminé (que Patrick Topaloff n'a pas partagé, il avait d'autres ambitions).

Tout comprendre, tout apprendre, et être tout le temps disponible. Croyez-moi, c'est une méthode infaillible.

La chance s'est alors à nouveau manifestée, servie sur un plateau cette fois par Maurice Biraud, l'homme de radio le plus écouté de France. Un artiste ! Cet homme me fascinait littéralement, j'avais déjà passé des matinées entières à le regarder, et je ne crains pas d'affirmer que c'était le plus doué d'entre nous – hélas trop tôt disparu. Je m'installais à côté de son technicien qui s'appelait, si ma mémoire est bonne, Leduc, et je buvais ses paroles et ses gestes. Or, un certain matin, pendant le passage d'un disque, il se tourne vers moi en appuyant sur l'interphone :

– Dis-donc, toi, viens me voir !

J'entre précipitamment dans son studio, et il continue :

– Je pars en tournage pendant un mois, tu ne peux pas me remplacer ?

J'ai cru que j'allais défaillir ! Moi, Jean-Pierre Foucault, de Marseille, remplacer Maurice Biraud, le chéri de ces dames, le grand Bibi, le roi du calembour !

– Tu es d'accord ? Je vais en parler à Lucien (Morisse).

Fou de joie j'étais, ivre de bonheur ! Pourquoi moi ? Simplement parce que j'étais là. Parce qu'au lieu de rester chez moi, ou de me balader dans Paris, ou d'aller au cinéma pendant tout le temps où je n'étais pas à l'antenne, je m'étais accroché à l'idée que mon avenir se jouerait entre ces murs, parce que j'en étais arrivé à faire partie des meubles, parce que probablement on voyait que j'aimais ça. Et pour le coup, la promotion était de taille ! De neuf heures tous les matins à midi, une émission naturellement en direct, avec un programme conséquent, feuilleton, gags, recettes de cuisine, etc., un rythme particulier, et surtout une équipe sur laquelle j'ai pu m'appuyer, Anne Perez, le fameux Leduc, Jean-Marie Lamblat, alias Monsieur Brandu, le réalisateur.

La première leçon de Biraud, c'était son « bonjour » d'ouverture. Ça semblait simple, et en fait toute la suite en dépendait. A d'imperceptibles détails dans le ton de sa voix, on le devinait gai, sarcastique, tendu, irascible, et la journée commençait chaque matin différente. Car la radio au quotidien est difficile à mener si l'on tient compte de la masse des auditeurs qui, dans l'ensemble, ne change pas, contrairement par exemple à une salle de théâtre qui se renouvelle en principe soir après soir et où on joue la même pièce, même si des variations interviennent dans l'interprétation. La règle à Europe n° 1 était que le meneur de jeu donne l'impression de venir s'asseoir à la table de celui ou celle qui écoute et bavarde de tout et de rien comme un ami de la maison. Et le maître du genre était Biraud, incontestablement.

La seconde leçon de ce phénomène des médias tenait dans son art de l'improvisation préparée. Parce qu'on ne peut pas tenir trois heures en direct devant un micro (ou devant une caméra) sans savoir où l'on va et par où l'on passe, sans avoir de balises, de points d'ancrage, quitte à récupérer sa liberté d'action une fois le cadre défini et à broder dès que l'instant s'y prête. Quand je pénètre sur le plateau de « Sacrée soirée », je n'ai pas besoin de notes, mais le déroulement de l'émission a été préparé des semaines à l'avance, modifié, corrigé, recomposé jusqu'à l'aboutissement final, à l'intérieur duquel je peux alors me mouvoir avec toute la souplesse souhaitée. Même l'illustre *commedia dell'arte* était basée sur une trame, avec des personnages de base, Pierrot, Colombine, et des caractères particuliers. Je ne prétends pas avoir inventé quoi que ce soit dans ce domaine, ni même comparer ceci avec cela, mais cette méthode de travail en amont, c'est à Biraud que je la dois. Et si je devais donner une médaille aujourd'hui, dans le spectacle, sur l'art le plus pur de l'improvisation préparée, je la donnerais sans hésiter à Guy Bedos, le roi en la matière.

Reste le trac. Tout le monde, dans ces métiers, a plus ou moins le trac. Certains acteurs en sont malades, surtout au théâtre. Quant à ceux qui ne l'ont pas, qui l'affirment, ils sont si peu nombreux qu'on les regarde comme des anormaux, des maniaques. Ça finit par les angoisser, et ils ont peur que ça arrive – une autre forme de trac! A mes débuts, j'avais le trac, quelques instants, et ça se traduisait par un chat dans la gorge juste avant l'ouverture du micro. En toussant discrètement, il n'y paraissait plus. Aujourd'hui, ce genre de tracasserie a disparu, ou je n'y prête plus attention. Seules certaines émissions de télévision, plus compliquées à monter que d'autres, perturbent un tant soit peu mes journées précédentes. L'inquiétude me rend nerveux, mon entourage le sent et s'écarte. Mais ça dure peu.

Bref, je toussais en silence et j'étais heureux, en perpétuel apprentissage et – je l'espère – en perpétuel progrès, remplaçant l'un (Biraud), puis, plus tard, les autres (Hubert, qui présentait « Dans le vent »; l'animation de « Salut les copains », pratiquement toute la grille!), jusqu'au mois de mai 1968 où un événement particulier m'a plus troublé que les premières barricades : l'arrivée de ma feuille de route pour mon incorporation obligatoire dans l'armée. La tuile! Car il n'était pas nécessaire d'être devin pour comprendre qu'aussitôt mon départ, je serais oublié. Loin des yeux, loin du cœur, et adieu ma débutante carrière!

En terminale, l'un de mes gags les plus au point consistait, quand le pauvre vieux M. Maine et sa barbe peinte en bleu faisait l'appel en classe de philosophie, à répondre :

– Foucault est en conseil de révision, Monsieur!

Il marchait à chaque fois et j'évitais ainsi les interrogations. Mais le moment présent ne se prêtait pas à ce genre de parade, l'heure était grave et demandait un surcroît d'imagination. Quoi faire?

L'une des rares photos de mon père.

Avec ma mère et mes sœurs, Anne-Marie et Françoise, prenant la pose sur la terrasse de la maison où je suis né, à Marseille, surplombant l'escalier de pierre que je trouvais si grand.

Mes premiers confidents, mon ours en peluche et notre chatte, Pâquerette, qui venait en secret passer ses nuits dans ma chambre.

"Est-ce que la mer est belle ?" était la question rituelle que l'un ou l'autre membre de la famille posait quotidiennement. Et cela signifiait : "A quelle heure allons-nous à la plage ?" Ici, je m'y promène avec Anne-Marie.

Mon père m'a offert très tôt un petit vélo, puis deux voitures à pédales que j'allais bricoler à l'ombre de la cabane cachée au fond du jardin.

C'était toujours mon père qui prenait les photos. Voici la seule où nous sommes réunis, lui arrosant son jardin comme de coutume, ma sœur Anne-Marie et moi au premier plan.

La fameuse Delahaye cabriolet de mon père avec laquelle nous partions tous pique-niquer le dimanche, et que l'équipe de "Sacrée Soirée" a réussi à retrouver pour moi des années après.

Mon court passage dans le "train", comme conducteur de deuxième classe au CIT 151 de Fontainebleau, alors que je travaillais déjà à Europe 1. (Rangée du haut, le quatrième en partant de la gauche.)

A Sausset-les-Pins, avec mes sœurs, sur le bateau de mon ami d'enfance, Claude Moreau, celui à qui je dois mes débuts à RMC.

Micro-trottoir en kilt pour Europe 1 sur les Champs-Elysées, avec mon inséparable complice de l'époque, Patrick Topaloff.

J'ai travaillé vingt ans à RMC, avec une émission quotidienne de près de trois heures en matinée que je faisais en compagnie d'un collaborateur irremplaçable et plein d'humour, Léon Orlandi, notre réalisateur.

Nos premières interviews... Ici, avec Yves Montand que j'avais déjà eu la chance de rencontrer quand j'avais quinze ans, au moment de la pièce *Des clowns par milliers.*

Dans notre studio à RMC, avec Geneviève (surnommée Marilyn par l'équipe), ma fidèle assistante, et Léon, le chef d'orchestre.

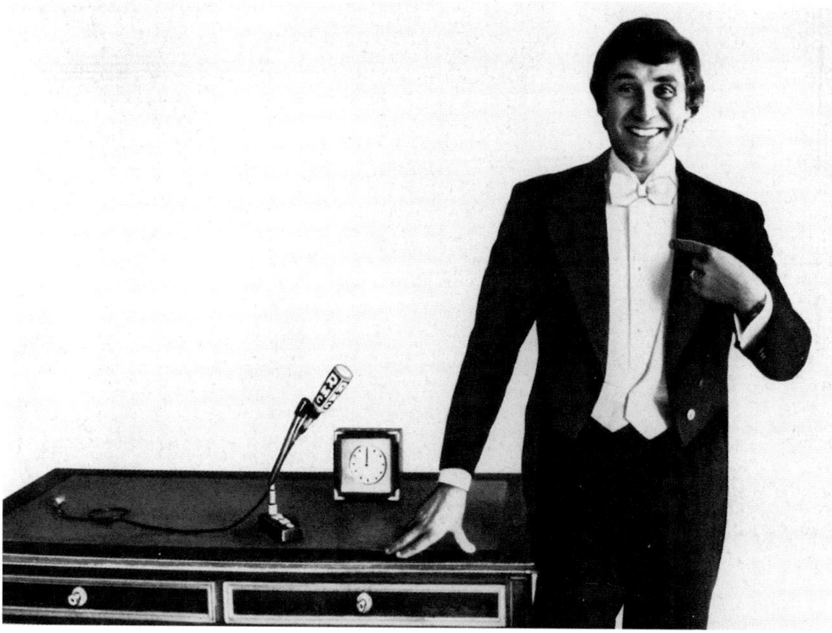

Notre métier est pavé de bonnes intentions et de campagnes publicitaires ! Cette photo était prévue pour des affiches à tendance nettement électorale dont le slogan était : "1974, votez Foucault !" Heureusement, cela n'a pas eu de suite...

Mon premier (et dernier) saut en parachute en direct à l'antenne, dans le cadre de notre émission "T'es pas cap...", toujours à RMC. J'ai eu trois côtes cassées à l'atterrissage !

En plus de trois ans de "Sacrée Soirée", celle qui fut pour nous tous la plus impressionnante à cause de la renommée de notre invité : Valéry Giscard d'Estaing. Il était accompagné de sa fille Valérie-Anne, pour laquelle nous avions retrouvé une jument qu'elle avait adorée à ses débuts de cavalière.

Michel Drucker en voisin, l'ami des animaux que nous avions réussi à étonner en amenant sur le plateau l'ours star du célèbre film de Jean-Jacques Annaud.

Serge Gainsbourg est venu plusieurs fois dans notre émission, mais le plus beau cadeau que nous avons pu lui offrir, c'est la cassette d'un film réalisé pour lui en U.R.S.S., un court reportage sur l'endroit où se sont mariés ses parents, avant de s'exiler en France.

Pour Nana Mouskouri, ce soir-là, le grand chanteur Harry Belafonte avait accepté de venir des Etats-Unis chanter *a capella* l'une de ses plus belles chansons.

C'est à "Sacrée Soirée" que Charles Aznavour a lancé son premier appel pour aider les Arméniens après le terrible tremblement de terre. Ici, j'ai le plaisir de lui remettre son disque d'or pour les ventes fabuleuses de sa chanson *Pour toi, Arménie.*

Une "Sacrée Soirée" magnifique, celle où nous avons célébré les "anciens" de la télévision, les pionniers, Raymond Marcillac, Pierre Sabbagh, Catherine Langeais et tant d'autres, sous les applaudissements de l'ensemble de notre profession, toutes chaînes confondues.

Un ami rare, Gérard Louvin, le producteur de "Sacrée Soirée" et de notre seconde émission, "En quête de vérité".

Evelyne, ma femme, que j'ai eu la chance de rencontrer dans un avion grâce à un retard providentiel.

L'image du bonheur familial, avec Evelyne et sa fille, Sandrine, avec la mienne, Virginie.

"Tati", ma tante, une femme merveilleuse et pour moi une seconde mère, la dépositaire de mes souvenirs d'enfance, hélas depuis peu disparue.

D'abord, je dis à Europe que je pars en vacances. Accordé. Puis je fais des prières, à tout hasard, pour qu'il me soit possible de faire mon service à l'Ecole militaire, pour rester sur place, et m'échapper dès que possible. Douce hypothèse qui, en l'état, m'est refusée. On m'affecte à Fontainebleau, au CIT 151, dans le « train », comme conducteur de deuxième classe. Catastrophe ! J'ai tenu là un mois et dix-huit jours, exactement.

A la vérité, ce n'était pas de la mauvaise volonté. Mais, sans rejoindre les antimilitaristes endurcis, je dois avouer que les méthodes pédagogiques de cette digne institution de la République m'ont semblé sans saveur et, surtout, sans aucune utilité, même nationale. J'aimerais bien savoir si, après avoir marché pendant cinq heures au pas, pour rien, après avoir trouvé le truc pour faire son lit au carré, cirer ses chaussures réglementaires et balayé la cour, après avoir tenu le garde-à-vous, on parvient au niveau du moindre combattant de choc utile à la défense de la nation ? Un petit scout de base me paraît déjà plus débrouillard. De plus, je ne voyais pas l'intérêt qu'il y avait à peser sur le budget des contribuables alors que j'avais un métier que j'allais perdre si je stagnais trop longtemps dans cette chambrée où les uns attendaient que ça passe et les autres essayaient de vendre des photos cochonnes d'une laideur repoussante.

Marcher, laver, conduire, dormir, l'ennui, l'ennui... J'ai craqué. J'aurais peut-être résisté si cela avait été plus vivant, plus constructif, plus intelligent, mais là, à ce moment-là, ça n'avait pas de sens. Et j'ai cherché le moyen de me faire réformer.

Déjà, pendant mes trois jours (à Tarascon), j'avais tenté le coup du malaise auprès du médecin de service. Il m'avait questionné sur mes activités dans la vie civile, j'avais répondu : animateur à Europe n° 1. Evidemment. Instituteur, étudiant en médecine, c'est sûrement mieux. Il en avait déduit que je n'étais qu'un tire-au-flan et avait assené le coup de tampon fatidique : APTE.

J'ai pourtant décidé de remettre ça, en jouant sur le temps et avec une conviction plus grande. Fatigue inexplicable, évanouissements passagers mais réguliers, et regrets sincères. On n'est pas marseillais pour rien ! D'autant que j'étais sûr du bien-fondé de ma mission, sûr que mon domaine était ailleurs et tout tracé. Après quelques passages à l'infirmerie, ils m'ont envoyé au Val-de-Grâce, pour étudier mon cas. Et comme l'ennemi n'était pas à nos portes, et qu'ils avaient probablement leur comptant d'appelés, à ma deuxième ou troisième visite, le médecin-chef a décidé de ne pas poursuivre plus longtemps ses travaux d'investigation sur mon état et a tamponné à son tour mon livret, qu'il a refermé devant moi et m'a tendu avec, dans l'œil, un éclat particulier, une sorte de sourire qui en disait long sur son intime conviction.

A peine sorti à l'air libre, j'ai rouvert le livret pour connaître mon sort, il était lumineux : en tant que pupille de la nation et soutien de famille, j'avais obtenu, grâce à cet officier compréhensif, d'être définitivement renvoyé dans mes foyers ! Si ce n'est pas de la chance, qu'est-ce que c'est ? A Europe, ils m'ont tous accueilli à bras ouverts après ce mois et demi de vacances, s'étonnant juste un peu de ma curieuse coupe de cheveux.

Le raz de marée de 68 avait bousculé pas mal de principes, soulevé des pavés pour la plage, chamboulé jusqu'au programme de notre station.

Maurice Biraud, déplacé en soirée, avait laissé sa place à Christian Barbier, moi, j'avais gardé mes petits matins et mes bonnes habitudes. Avec une nouvelle responsabilité pour le samedi soir : j'animais, en direct, une émission invraisemblable au nom révélateur, « Pepsi-Boom », dont le réalisateur était alors Maryse (Gildas), mariée à l'époque à Jean-Michel Leulliot.

Le jeu consistait à organiser une « boum » directement chez un de nos auditeurs, en apportant les disques, la sono, l'équipe technique, et de quoi boire et manger. Pour moi qui n'ai jamais su danser – je ne sais toujours pas ! – le rôle était assez comique, mais je faisais danser les autres avec suffisamment de bonne humeur pour que cela s'entende dans les transistors. C'était du moins le but ! Une vraie expédition, où l'improvisation, pour le coup, ne demandait pas trop de préparation ! On était entre nous, tous des copains, l'atmosphère était bon enfant, et on aimait faire la fête.

C'est d'ailleurs ce qui m'a frappé le plus à Europe n° 1, cette façon de travailler en s'amusant. Alors que nous avions vécu dans une grande solitude à Monaco, Topaloff et moi, chacun chez soi, jamais une invitation, un pot entre collègues, voire un dîner, jamais. Et même par la suite quand j'y suis retourné, une vraie frilosité dans les contacts quotidiens, étonnante dans un pays pourtant méditerranéen. A Europe, il ne se passait pas une journée sans invitation, un déjeuner sur le pouce, un dîner improvisé. Et pour le Marseillais déraciné que j'étais, ça n'avait pas de prix. Quand j'arrivais à mettre trois sous de côté, mon seul souci était de sauter dans un avion pour passer un jour ou deux dans ma ville natale, retrouver mes amis, ma mère et mes sœurs, prendre une bouffée de ciel bleu et de senteurs marines. Puis le travail me rappelait dans la capitale, ou sur les routes de France dans les voitures de la station pour quelques équipées promotionnelles.

L'une d'elles me revient à l'esprit comme un gai cauchemar. Je ne me souviens plus quand exactement mais c'était avec Viviane Blassel (venue depuis sur TF1), à la gloire des stations-service Shell, sur une idée de Gérard Sire, l'inséparable complice (disparu aujourd'hui) de Jean Yanne.

L'opération, intitulée « Hit Tonnerre Shell » consistait à encourager les Français à consommer cette marque plutôt qu'une autre en les questionnant « à chaud » sur le lieu de distribution, le plus longtemps que nous pouvions, afin de recueillir les réactions si possible chaleureuses que l'intéressé devait ensuite reconnaître à l'antenne pendant le week-end.

Naturellement nous fonctionnions en micro caché, déguisés en pompiste, nous servions nous-mêmes les clients, et à eux de prouver plus tard que c'était bien leur voix, tel jour à telle heure et dans tel lieu, pour gagner leur cadeau. Les villes étaient tirées au sort, Viviane était tombée sur Montpellier, par un soleil éclatant, j'avais tiré Nantes, où il pleuvait depuis quatre jours. Elle est revenue avec des trésors de conversations les plus diverses et les plus optimistes, et moi, sous des trombes d'eau, je ne parvenais même pas à dérider le peu d'automobilistes qui, à peine stoppés, réclamaient en maugréant quelques litres à travers leur vitre entrouverte et aussitôt remontée.

Mon technicien, caché dans la guérite de la station, m'encourageait du geste et, malgré ça, je sentais le découragement m'envahir quand une 4 CV s'arrête devant moi, dont le propriétaire me demande carrément le plein d'essence. Ouf! Nous bavardons de choses et d'autres, d'essence et de climat, pendant que j'assume gravement mes fonctions de pompiste, le micro en éveil... jusqu'au moment où il s'aperçoit – ô panique! – que j'étais en train de remplir à ras bord son radiateur à eau dont le bouchon se trouve à l'arrière de la voiture, alors que l'entrée d'essence de ce modèle s'atteint – allez donc le deviner – directement dans le moteur. Vous dire la honte... J'ai eu droit à des torrents d'injures, pas vraiment radiophoniques mais sûrement méritées. Le pauvre! J'aurais fait n'importe quoi pour réparer l'irréparable! Moralité : n'est pas pompiste qui veut. Le rouge me monte encore au front quand j'y pense...

Mais nous avions vingt ans et une péripétie chasse l'autre. Je me revois aussi en kilt sur les Champs-Elysées, toujours avec Topaloff, demandant aux passants où se trouvait l'Arc de triomphe. Entre autres!

Trois ans de stage intense, dans la joie, la bonne humeur, l'amitié et l'insouciance, trois ans de gagnés sur une vie professionnelle encore incertaine et que je livre pêle-mêle, je m'en rends compte, parce que c'est loin, heureux et loin, avec un seul défaut mais qui tournait à l'obsession, un léger couac dans l'Olympe, un manque viscéral que je commençais à mal supporter, l'absence de Marseille.

L'exil a inspiré plus d'un poète et plus d'un romancier. Le mal du pays rongera toujours le cœur des hommes expatriés, par nécessité ou par obligation. Non pas que je veuille comparer ces grands déracinements au léger malaise qui me vient si je suis trop longtemps séparé de la ville où je suis né, mais il est vrai que je préfère Marseille à Paris, que j'y respire mieux, que je m'y sens plus à l'aise.

Je crois que cela tient aussi à l'usage que j'en fais. Paris, c'est le travail, la plupart du temps en studio ou dans des bureaux. Et que celui qui m'aperçoit dans quelques cérémonies parisiennes, cocktails, théâtre ou autres, me jette la première pierre, je ne sors pas ou très peu.

Quant aux week-ends, à voir les files de voitures se tasser chaque dimanche soir aux portes de la capitale, je ne dois pas être le seul à chercher ailleurs le brin d'herbe qui repose... Dès qu'ils le peuvent, au moindre pont, jour férié, aux vacances scolaires, les Parisiens s'échappent loin de chez eux, et moi je rentre chez moi. Car chez moi, c'est à

Marseille ou tout près le long de ses côtes (j'habite un peu plus loin, à Carry-le-Rouet) et j'y retourne tous les vendredis que Dieu fait dans un avion bourré de Marseillais qui, comme moi, repartent le lundi travailler à Paris !

De Marseille, on a tout dit, y compris le pire. Et c'est toujours le pire que l'on retient, pour des raisons qui finissent par m'échapper. Sans doute parce que le « tout va bien » fait pâle figure à côté du « tout va mal », et que le scandale fait vendre. Alors chacun y va de son cliché, et l'on enchaîne *allegretto* comme dans cette comptine enfantine : marabout, bout de ficelle...

Ainsi les Marseillais sont paresseux, ne travaillent pas, ne font rien, sont des voleurs, donc des bandits, donc des fraudeurs, et la Mafia, si vous saviez... Mais justement on ne sait rien ! On décide sans connaître. Et on juge. Mal ! Parce que ça fait du bien de juger mal sur trois colonnes ou dans un reportage filmé. Ça s'appelle un sujet d'actualité. Et c'est toujours concocté par des gens de l'extérieur, qui viennent, qui posent trois questions, qui repartent ; je devrais dire qui viennent avec une certaine idée dans la tête et qui repartent obligatoirement avec la même, puisqu'ils n'ont pas eu le temps matériel de comprendre.

Pour comprendre Marseille, il faut y vivre. Et curieusement les Marseillais s'expriment peu sur leur ville ; ils y sont, cela leur suffit. Moi, j'aime Marseille, je pense qu'on l'aura compris. Et la version Borsalino m'exaspère. De même que la version pagnolesque où Marseille a été un peu trop vite résumée – du moins jusqu'à ces derniers temps

– à l’inoubliable partie de cartes pendant laquelle Raimu-César a le « cœur fenndu ». Ça, c’est du Pagnol, et c’est génial, mais ce n’est pas tout Pagnol, et ce n’est pas du tout Marseille.

D’ailleurs, Marseille est multiple et s’étire hors de ses frontières propres, chaque quartier est un village qui a sa respiration ; il faut y habiter longtemps pour discerner à travers ces différences une unité réelle dont l’origine pourrait être quelque chose d’aussi mystérieux que la sympathie. Une ville qui vous prend ou qui vous jette, une ville qui, de tout temps, a subi des migrations, comme d’autres ports équivalents, comme Gênes probablement ou Barcelone, une ville ouverte et qui choisit. Les parents de mes copains d’enfance étaient italiens, arméniens, portugais, nous vivions dans un quartier pauvre et cosmopolite où le racisme n’existait pas, il y avait le soleil et la mer et nous jouions aux mêmes jeux sur le sable. Avec le même accent.

Je n’ai pas dit non plus que Marseille n’a pas de défauts, et je ne suis pas assez naïf pour ne pas y voir les problèmes économiques, sociaux, politiques qui y coexistent. Il y en a, comme partout. Mais il n’y en a pas plus qu’ailleurs, à condition qu’on n’en invente pas de supplémentaires !

Et puis la région est superbe, la rade est magnifique, la nature intacte et puissante. Seule la ville elle-même a été un peu abîmée, a perdu sans doute une part de son cachet, comme partout, sous la poussée quelquefois discutable de ce que l’on appelle le progrès. Il n’en reste pas moins qu’il fait bon y vivre et que j’aime m’y promener.

Quant à l'idée reçue du farniente proverbial des Marseillais se traînant tranquillement d'une partie de pétanque au pastis servi (avec une paille) à l'ombre d'un cabanon, au fond elle m'amuse. Elle vient du fait qu'à Marseille, tout peut paraître facile et c'est un don inestimable, je trouve, que d'arriver à faire croire à ça. Car, à la vérité, Marseille est généreuse envers ceux qu'elle a adoptés et devient ainsi performante dans les domaines les plus divers, médicaux, scientifiques, artistiques. La première greffe du cœur réussie en France a eu lieu à Marseille. Aujourd'hui, la recherche sur la génétique, sur le sida avec le professeur Chermann, a acquis une renommée internationale. Sans oublier la première entreprise mondiale d'intervention sous-marine, la Comex, qui distribue ses équipements dans le monde entier. Et faut-il rappeler que le Tout-Paris de la chanson et de la variété françaises a longtemps fait ses premières armes dans notre Alcazar : Fernandel, Tino Rossi, Chevalier, Montand... Eh oui ! j'arrête.

Je demande pardon pour cet agacement passager. D'autres que moi, mieux que moi, tiennent très bien ce rôle d'avocat que je ne joue ici qu'à contre-emploi. Le seul nom de Marseille déclenche si souvent les sarcasmes qu'il est utile parfois de remettre les pendules à l'heure.

En l'occurrence, le Parisien que j'étais en 1969 rêvait d'un ciel plus bleu quand un certain Jean Gauthier, nouveau directeur des programmes à Radio-Monte-Carlo, me fait l'honneur de m'appeler par téléphone pour me demander si, par hasard, je ne veux pas retravailler là où j'avais débuté.

C'était en juillet ou en août, en tout cas en été, je sens encore le léger vertige qui m'a pris lorsque j'ai raccroché.

De bon matin, je me suis retrouvé dans le bureau parisien de la station, rue Magellan (justement à deux pas d'Europe n° 1 !), en face de ce monsieur qui semblait me connaître, me faisait toutes sortes de propositions « sonnantes et trébuchantes », et je me suis pris à rêver. Le retour au pays, les copains, le soleil... et un salaire presque dix fois supérieur à celui que je touchais chez eux trois ans auparavant, six mille francs par mois ! De plus, cet homme neuf m'annonçait des changements impressionnants, le départ de l'ancienne équipe, l'arrivée de jeunes talents, le bouleversement des programmes. Tous ceux qui ne m'aimaient pas n'étaient plus là et je sentais déjà l'attrait de l'aventure. C'est oui ? C'est non ?

Du temps des Rolling Stones et de mes premiers pas dans l'association Inter-Jeunes de France et d'Europe, au cours d'une réunion à laquelle j'avais assisté sur le désarmement nucléaire menée par Alexandre Sanguinetti, j'avais sympathisé avec une très charmante camarade de mon âge assise à mes côtés, Marie-José, et de fil en aiguille, de colloques en galas, doucement, l'intérêt réciproque était devenu plus tendre.

De l'amitié à l'amour, il y a plusieurs chemins, celui que nous avons choisi avait l'attrait de notre extrême jeunesse, pleine de certitude et d'inconscience. Avec, en plus, une bonne part de patience, en ce qui concerne Marie-José, puisque je voulais avoir un métier avant de l'épouser, et que mes pérégrinations monégasques puis parisiennes ne cessaient de nous séparer.

A Monte-Carlo, elle était venue deux, trois fois, mais ce n'était pas si simple; à Paris, petit à petit, dans la mesure où ma tante restait de longues périodes dans le Jura, nous avions commencé à vivre un peu ensemble. J'avais même loué un minuscule meublé du côté de l'avenue de Versailles, un endroit sinistre où nous ne nous retrouvions que contraints et forcés. Mais notre intimité restait précaire, les séparations étaient trop longues, et Marie-José avait comme moi ses racines à Marseille.

J'ai dit banco à Jean Gauthier dès que je suis sorti de mon rêve. D'accord pour le retour, d'accord pour l'inconnu d'une nouvelle fonction. Puis je suis allé voir Lucien Morisse pour lui faire part de ma décision. J'avais le cœur lourd tout de même. Il a été formidable, comme à son habitude :

– Tu as raison puisque c'est ton choix. On va te regretter.

Et il a ajouté, en toute logique :

– Je te retire du tableau de service dès la fin de la semaine.

C'était fini. Trois ans qui s'effacent d'un coup d'éponge, et les copains d'ici à quitter. Je n'en menais pas large en rentrant chez ma tante quand le téléphone a sonné. C'était Jean Gauthier :

– Jean-Pierre, j'ai un problème, je ne sais si notre affaire va pouvoir se régler. Je vous rappelle...

J'avais déjà fait mes adieux à Europe et me voilà une seconde fois vidé de RMC! Marie-José a assisté à cette journée épouvantable où je tournais comme un ours en cage dans l'appartement en attendant le verdict. J'avais lâché la proie pour l'ombre et je n'en étais pas fier. Mais rien ne se perd en ce bas monde, si la leçon était cruelle, elle était efficace. A l'avenir, on ne m'envelopperait plus avec de bonnes paroles, j'exigerai aussi un contrat! Les heures passent, la tension s'accentue, enfin le téléphone se manifeste. M. Gauthier s'est ravisé, c'est oui.

– Mais pour le salaire, malgré mes efforts, je n'ai pu obtenir que cinq mille. Ça vous va?

Bien joué! Au point où j'en étais, je ne pouvais plus refuser. Mille francs de moins que prévu (que je me ferai fort de récupérer par la suite) et pas de recul possible. Décidément, j'avais encore tout à apprendre, mais c'est égal, j'étais content!

Au revoir Paris et la rue François-Ier. Il y a un autre départ à Europe, Maurice Biraud, et c'est justement Patrick Topaloff qui le remplace. J'achète une malle au BHV, j'y jette en vrac le peu que j'ai accumulé, direction plein sud. Une autre vie commence.

Le hasard fait quelquefois bien les choses et j'étais assez heureux à l'idée de me retrouver, trois ans après, devant le même directeur financier de RMC, celui qui m'avait conseillé de reprendre mes études, pour le remercier d'avoir à me réengager pour dix fois plus d'argent et un vrai rôle dans la station. Ce sont des petits plaisirs que l'on a rarement l'occasion de s'offrir !

Une fois réglé ce préambule jubilatoire – dont j'ai en fait peu profité tellement j'étais content d'être de retour –, j'ai dû partir à la recherche d'un logement d'urgence et suis tombé sur un hôtel passablement usé, le Métropole, qui avait du moins l'avantage de m'accueillir tout de suite et pour pas trop cher.

Ma chambre était minable, celle de mon copain aussi (un collègue d'Europe n° 1 descendu avec moi, un réalisateur, Stéphane Banessi). Mais plus que tout, l'atmosphère de cette antédiluvienne bâtisse était absolument sinistre car uniquement habitée par de très vieux pensionnaires dont la disparition semblait si proche qu'hélas elle finissait par arriver. Et le souci principal de la direction était alors que cela se remarque le moins possible. La descente du cercueil s'organisait la nuit, sans un bruit, donnant à ce triste événement un aspect parfaitement sordide. Trois mois plus tard, j'ai enfin pu m'installer dans un appartement.

Mes nouvelles fonctions étaient impressionnantes ; je devais assurer la matinée à moi tout seul, à la place du très célèbre Maurice Gardett qui avait déjà fait des ravages d'audience sur Europe n° 1, avec son émission « Chasse Gardett » entre autres, et se trouvait appelé à d'autres occupations.

L'héritage était risqué, je le devais à Biraud qui m'avait permis de le remplacer sur la même tranche horaire. Un vrai challenge ! Par ailleurs, Jean Gauthier s'était appliqué à rajeunir de fond en comble l'ensemble de ses programmes en engageant une équipe pleine de promesses, dont Pierre Lescure, Jacques Bal, Jean-Michel Desjeunes, Albert Mathieu (l'actuel directeur d'antenne de Canal +), plus tard Bruno Masure... et j'en oublie. Ajoutez le soleil, une bonne ambiance, un véritable auditoire dans la partie sud de la France, vous obtenez un cocktail joyeux et décapant ! Ainsi, j'avais certainement fait une folie en quittant Europe, mais je ne regrettais rien. Restait cependant à utiliser ce que je savais (bien peu de choses) et, cette fois, à mon propre compte.

Le miracle de la radio, je l'ai déjà dit, c'est la liberté qu'elle offre en même temps à ceux qui la font et à ceux qui l'écoutent. On peut brancher sa radio n'importe quand, en se rasant, en faisant le ménage, dans sa voiture, au bureau (eh oui!), on peut lui donner l'exclusivité de son attention ou seulement un rôle de bruit de fond, elle peut distraire, instruire, accompagner, tout en laissant à chacun le libre emploi de son imagination. Et la télévision? va-t-on me rétorquer.

La télévision, c'est avant tout l'image, c'est superbe mais contraignant. L'image s'impose, le téléspectateur est assis devant, presque bloqué, si toutefois le spectacle lui plaît. Et derrière le petit écran, la moindre image demande tout un attirail lourd, que l'on ne déplace pas facilement.

Un exemple que je donne souvent : dans un studio de radio tout simple, devant un seul micro, vous faites un bruit de tasse à café frottée sur sa soucoupe après y avoir ostensiblement tourné une petite cuillère, et déjà l'auditeur imagine, « voit » le café qui fume, le sucre qui fond. Ajoutez à cela une porte qui grince, une chaise que l'on déplace, et voilà le décor construit, qui sait, un meurtre qui se prépare! Pour obtenir la même ambiance avec l'image, il vous faut un décorateur, des accessoires, des meubles, sans parler du temps nécessaire pour organiser un plateau. Avec le moindre morceau de papier froissé, vous obtenez toute une forêt qui brûle à travers un minuscule haut-parleur, pour pas cher et sans aucun danger!

Avec cette liberté-là, donnée par la radio, songez à ce que l'on peut obtenir en deux ou trois heures d'affilée! A RMC, au bout de quelques années, je faisais de la radio en cinémascope, distribuant les bruits et les voix, les ombres et les lumières, au gré de l'émission et presque sans préparation. Juste de la technique. J'ai commencé petit, bien sûr, cinéma série B en noir et blanc, et ça n'a pas marché tout de suite. A moi tout seul, avec pour unique compagnie une pile de disques et une liste de messages publicitaires, ce n'était pas évident. D'autant que je débarquais, que mon premier passage à RMC n'avait marqué personne, et que je remplaçais une grande vedette au pied levé. Mais j'y croyais! Et j'avais une folle envie de faire, de chercher, de réussir.

J'étais donc arrivé en septembre 1969 et, au milieu de l'année suivante, un personnage hors du commun, Léon, fait son apparition pour être le réalisateur de l'émission. A partir de ce moment-là, tout change. Parce qu'on est deux et que s'ouvrent devant nous des possibilités immenses.

Léon Orlandi est anglais (comme son nom ne l'indique pas), d'origine italienne, et affiche dès son entrée une irrésistible envie de rigoler. Je la partage volontiers. Il devient très vite mon complice, et à l'antenne mon souffre-douleur parce que c'est pratique!

Très vite aussi, notre matinée se transforme en une véritable galerie de farces et gags en tout genre, dont certains aujourd'hui pourraient me faire rougir (pas de honte!) si je retombais dessus. Du moins, j'essaierai de faire semblant pour préserver ma sérieuse réputation! Quoi qu'il en soit, je préfère éviter les retours en arrière, il me semble que de nos jours l'humour a évolué, probablement sous l'influence de Coluche.

Parallèlement, l'émission s'est étoffée de rubriques diverses, jeux, recettes de cuisine, saynètes plus ou moins désopilantes que l'on construisait, Léon et moi, dans l'après-midi pour le matin suivant. On a balayé ainsi toute l'histoire de France, les moments forts qui s'y prêtaient. Sur un coin de bureau, on montait l'assassinat d'Henri IV par Ravaillac, avec musiques de circonstance et bruitages. Personne dans la station ne nous aurait refusé une réplique que l'on enregistrait comme ça se présentait, dans un couloir ou ailleurs, on s'amusait comme des enfants à amuser les autres!

Le succès n'est pas venu d'un seul coup mais nous avions le temps, on nous l'avait donné. Et Paris était loin! En France, c'est toujours de la capitale que pleuvent les sanctions. De quelques « salons » d'initiés qui se croient obligés de pondre des commentaires, des satisfecit dans le meilleur des cas, et des bonnets d'âne pour le reste, tranquillement, du haut de leur bonne conscience. Ça c'est bien... ça c'est nul..., comme à l'école. Silence! l'élite va parler!

A mille kilomètres de là, avec une diffusion tout de même largement méditerranéenne, on se sentait extraordinairement protégés par le public qui était notre seul juge. Même nos patrons ne nous écoutaient pas puisque leurs bureaux se trouvaient à Paris.

Nous ne connaissions que deux interdits, la religion et la famille princière! Ça tombait bien, en parler n'entrait pas dans mes fonctions telles que je les concevais. Mais nous nous permettions quelques sketches politiques en toute impunité, osés mais pas méchants, pas personnellement méchants, n'égratignant que la partie publique de l'iceberg, mettant en scène de Gaulle, Pompidou, Valéry Giscard d'Estaing, d'autres, sans la moindre réprimande, si diffuse soit-elle. C'était gai, c'était vivant, ça finissait toujours dans un énorme éclat de rire.

Bientôt, confortés par l'audience, par le courrier qui petit à petit se déversait dans notre bureau par sacs entiers (nous avons atteint quatre à cinq mille lettres par jour), je me suis senti à l'étroit entre les quatre murs du studio et j'ai souhaité mettre le nez dehors. L'idée était simple : au lieu de remercier nos auditeurs par lettre interposée, j'ai pensé aller au-devant d'eux directement, ce qui représentait un double avantage : premièrement, mieux les connaître – l'évidence pour un animateur ; deuxièmement, élargir les contacts en pratiquant (vieille habitude !) une sorte de porte-à-porte motorisé me menant de ville en ville et de gare en aéroport. Aussitôt proposé, aussitôt accepté, RMC met à ma disposition un minicar émetteur, sur lequel est inscrit une devise pleine de promesses : « Il court, il court, le Foucault... », pendant que l'incontournable Léon reste aux commandes derrière ses manettes.

J'ai dû faire deux ou trois cents villes, sonnant à toutes les mairies, à tous les syndicats d'initiative, deux fois par semaine le mercredi et le vendredi. C'était la France à portée de tous, les marchés, les foires, les fêtes dans les villages, les petits potins, le bal du coin, tout ce qui fait la vie de chacun dans les campagnes et dont on ne parle jamais, en tout cas pas à cette époque d'avant les radios libres. De l'information régionale, ma façon à moi d'aborder la décentralisation, de Bordeaux à Nice et sans dépasser Lyon. Et c'est comme ça en fait que je suis devenu relativement célèbre sur une moitié de l'Hexagone dans les limites permises par notre émetteur, en serrant la main des gens, en leur tendant le micro, en obtenant leur participation.

Comment voulez-vous intéresser les habitants de Fontvieille ou de Saint-Emilion en leur assenant tous les matins dans les oreilles que le périphérique entre la Porte des Lilas et la Porte de Vincennes est fermé pour cause de travaux ou que le zouave du pont de l'Alma a encore les pieds dans l'eau ? Difficile ! Parce que le gars du Lubéron qui a branché son transistor, lui, il est en plein soleil et son puits est à sec, alors la Seine qui déborde, il s'en fout ! Moi, je servais d'écho à ma région, ça fonctionnait pour ça, c'était notre force.

Puis, de fil en aiguille et grâce aux progrès des communications, j'ai changé ma camionnette contre une moto, plus maniable – au moins quand il fait beau – tout en continuant à arpenter les routes à la recherche de nouvelles aventures. Entendre, tout est là ! Etre attentif à la demande. A force de circuler d'un rendez-vous à l'autre, les invitations s'accumulaient avec une nette tendance à se ressembler. D'un comité des fêtes, je passais au voisin, tout aussi officiel, alors que les sollicitations plus discrètes des simples citoyens restaient dans nos tiroirs, faute de temps et d'organisation.

« Hier, vous étiez à la sous-préfecture de V..., mais naturellement vous ne viendrez jamais au hameau de C... »

« Sûr que vous n'oseriez pas vous rendre à l'écluse de N... pour rencontrer Dédé qui en a pourtant des choses à raconter... »

« Vé ! t'es même pas capable de monter jusqu'à... »

Palsambleu ! C'était tellement évident ! On a appelé ça « T'es pas cap ! » et en quelques semaines nous croulions sous les défis les plus invraisemblables :

– T'es pas cap de planter un sapin et d'amener de la neige et un père Noël à La Grande-Motte en plein mois d'août !

On l'a fait.

– Chiche que tu peux pas rebaptiser Vieux-Boucau-les-Bains (dans les Landes, onze cents habitants) en Vieux-Foucault !

Nous avons même obtenu du maire une inauguration solennelle, avec discours, fleurs, et photos de presse autour de la nouvelle plaque !

Avec un micro à la main, un zeste de culot, un peu d'acharnement et un bouquet de grands sourires, on obtient des miracles ! Le défi était lancé à l'antenne à huit heures trente et devait se terminer de toute façon à la fin de l'émission. A nous de réussir. Et, surtout, à nous de faire imaginer nos efforts à ceux qui nous écoutent, l'image par le son, notre nouvelle devise !

Notre enthousiasme a tourné au beau fixe. A l'époque où le peintre Christo empaquetait le *Philadelphia Museum of Art* ou la côte de *Little Bay* en Australie (sans parler du Pont-Neuf) dans ses bâches colorées, j'enrubanne les somptueux escaliers de la gare Saint-Charles à Marseille dans la matinée. Je participe à une course automobile. Je descends au fond du gouffre de Padirac :

– Allô ! vous m'entendez là-haut ? Je vais

atteindre la rivière, l'eau est noire comme de l'encre...

Je murmure mes impressions à soixante-dix mètres sous la terre, je n'en mène pas large mais je suis en direct. Et, au-delà de cette légère impression de claustration due à la distance qui me sépare de l'air libre, un sentiment irrésistible d'allégresse me vient, qui s'apparente sûrement à celui qu'éprouve le mauvais élève qui fait une fugue le jour de la composition. A nouveau j'ai dix ans, je suis le professeur Lidenbrock perdu dans le volcan du *Voyage au centre de la terre*, je suis Némo sous son île, je réalise mes rêves d'enfant. A la sortie, on m'attend, on me fête, Léon s'esclaffe derrière sa console pendant que l'on prépare le portrait-souvenir !

– T'es pas cap...

Aujourd'hui, c'est en mer que ça se passe, un auditeur a parié que je n'obtiendrais pas l'autorisation de sortir le ferry du port de Marseille pour me rendre au château d'If. De Jules Verne, nous sautons à Alexandre Dumas ! Je me précipite à la mairie, Gaston Defferre est absent mais son premier adjoint est là, ou le second, qui me reçoit.

– Monsieur, nous sommes en direct sur RMC et j'ai besoin pour l'émission que vous autorisiez le capitaine du ferry à dévier exceptionnellement sa route pour faire visiter à nos auditeurs la prison du comte de Monte-Cristo...

Pour le coup, la chance n'était pas avec nous, à quelques encablures de la côte, on a cassé le gouvernail. Mais quel reportage ! Avec un peu de bonne volonté, on se serait cru dans *Moby Dick* en pleine tempête !

Bientôt, quatre secrétaires furent nécessaires au dépouillement du courrier. Un plébiscite pareil, je veux bien l'avouer, c'est agréable, rassurant. Chacun de mes « exploits », réussi ou non, était repris dans la presse locale, c'était à la fois un peu disproportionné et très amical. Comment résister ? Tant de cadeaux pour un simple mortel, tous mes vœux exaucés ! Le mont Blanc par exemple, celui dont on se vante dans nos livres d'écoliers, le sommet le plus haut de France, qui a eu l'occasion d'en observer la cime à part quelques alpinistes de légende ? Moi ! Mais en hélicoptère, piloté par des gendarmes, avec un petit micro accroché à ma combinaison. Un spectacle grandiose de neige et de nuages entremêlés, une parcelle d'éternité que j'ai tenté de décrire le cœur battant à tout rompre, plus ému que je ne l'aurais cru.

D'une montagne l'autre, il m'a fallu un peu plus tard en escalader une, plus menue bien sûr mais redoutable quand même pour le novice que j'étais. Un guide m'accompagnait, le geste lent et sûr, avec une patience d'ange :

– Allez, Jean-Pierre ! La main gauche ici, monte ton pied droit... Maintenant, accroche-toi à ce piton...

Et moi, légèrement hystérique :

– Pourquoi je te croirais ? On vient de se rencontrer, pourquoi j'aurais confiance ?

Et Léon, bien au chaud derrière sa vitre à des kilomètres de là :

– Vas-y, Jean-Pierre, tout le monde est avec toi ! Ce piton, c'est Frison-Roche qui l'a planté il y a vingt-cinq ans, il va tenir, monte !!!

Un grand moment qui reste dans les annales, dont j'ai d'ailleurs conservé l'enregistrement. Cette fois-là, j'ai eu peur ! Pas autant cependant que lorsque j'ai accepté de sauter en parachute. Encore un rêve de gosse, mais du rêve à la réalité, il y a quelquefois un monde que j'ai failli ne pas franchir !

L'angoisse a commencé tout bêtement à cause du délai nécessaire à la préparation de l'entreprise. Un ami journaliste, Pierre Devoluy, grand amateur de vol libre, s'est chargé de prendre le rendez-vous, qui a été fixé un mois plus tard. C'est long un mois quand grandit l'inquiétude, quand les copains se marrent. Il y a toujours quelqu'un qui a connu quelqu'un pour qui ça s'est mal terminé, et naturellement on le raconte ! J'ai commencé à éplucher les journaux pour savoir si par hasard on ne signalait pas un accident dans cette spécialité, et, la dernière semaine avant le saut, mes nuits ont été très agitées.

Enfin le jour arrive, nous nous rendons Pierre et moi sur l'aéroport qui dépend de Gap, l'instructeur nous attend. Pour la théorie, Pierre m'a tout expliqué depuis le saut jusqu'à l'arrivée, j'ai l'impression de pouvoir m'en sortir. Mais il a omis d'aborder le chapitre des urgences, dont se charge notre guide. J'apprends alors qu'il y a des solutions pour tout, pour le cas où le premier parachute ne s'ouvre pas, ou bien si on a la tête en bas au moment de l'ouverture, on encore si on se cogne contre l'avion pendant le saut... et je me demande ce que je fais là ! Il n'y a aucune raison, aucune, pour que j'accepte un truc pareil !

J'ai dû penser tout haut car j'entends dans mon casque des dames qui s'égosillent :

– Qu'il ne saute pas! Dites-lui, Léon, arrêtez-le!

Autour de moi, il y a foule, tout est prêt, on m'attend. Je me prends à hésiter entre le ridicule (qui tue, dit-on) du refus de dernière heure, ou le ridicule plus abstrait qui consiste à mourir pour épater la galerie. Ça se discute!

On me pousse dans l'avion avec un parachute dans le dos, un sur le ventre et quinze kilos de matériel émetteur ficelés à mon cou, pendant que je balance encore le pour et le contre. Pierre me fait signe de sauter. Les jambes tremblantes, le plexus totalement coincé, je prends mon élan, ferme les yeux, avance vers la porte. Après, je ne sais plus, j'étais déjà en train de tomber.

Un silence absolu. Juste le vent et son chuchotis soyeux. Et cette chute interminable qui ne dure pourtant que quelques secondes, où le corps semble hors pesanteur et glisse dans l'espace. Puis le choc des harnais quand le parachute s'ouvre et que la course ralentit, et voilà, je vole!

Je suis émerveillé, il n'y a pas d'autres mots, par la splendeur du paysage qui s'étend à perte de vue autour de moi. Je hurle ma joie dans le micro, j'essaye de raconter, les phrases se bousculent, le temps s'arrête dans ma tête, je suis subjugué, conquis, envoûté, je suis oiseau! Et j'oublie que je tombe!

Ça a claqué dans ma poitrine comme un formidable coup de poing. J'ai dû crier sous la douleur, je ne peux plus respirer. Cassé en deux, sans voix.

Mais le micro fonctionne, Léon s'affole à l'autre bout : il n'entend que des râles.

– Jean-Pierre, réponds! Jean-Pierre, dis-nous que tu vas bien!

Trop occupé par le panoramique, j'ai atterri de travers, le matériel émetteur me broyant l'estomac. J'ai quelques côtes cassées et les poumons meurtris. L'instructeur me relève, je cherche désespérément mon souffle, j'ai l'impression d'être passé sous un rouleau compresseur. Dans les trois minutes qui suivent, ma voix revient, caverneuse. Les auditeurs n'ont rien manqué, j'aboie sur un ton rauque mes dernières impressions de rescapé, je suis le héros du jour.

Au passage, j'apprécie la leçon d'humilité. Si je ne m'étais pas vautré lamentablement par terre, j'aurais certainement eu beaucoup moins de succès!

Restons modeste, c'est ma méthode pour me préserver des vanités de ce monde... Montaigne a écrit : *Le bon heur m'est un singulier esguillon à la modération et modestie.* Ça me va.

Je ne sais pas d'où vient cette angoisse qui me porte à cumuler les fonctions. Au début de ma vie professionnelle, pendant les trois années que j'ai passées à Europe n° 1, j'étais très conscient d'avoir tout à apprendre, donc mon assiduité avait un but. En revenant à RMC, là encore, il était naturel, logique, de donner toute son attention à la création d'une nouvelle émission pour l'asseoir sur des bases solides. En 1971, sans affirmer que c'était gagné, nous avions néanmoins atteint un rythme de croisière plutôt encourageant, qui permettait de souffler un peu tout en veillant à ne pas dévier de notre courbe ascendante. Pourtant, dès qu'une proposition extérieure se présentait, une animation, un gala, j'acceptais.

Le matin en direct à l'antenne, l'après-midi pour mettre au point le lendemain, les soirées et la plupart des week-ends par monts et par vaux sur des routes approximatives pour assurer les spectacles alentour, autrement dit une existence bien remplie qui laissait peu d'espace aux loisirs. Et c'est en

1971 justement que je me suis marié avec Marie-José.

Nous avions attendu longtemps, d'accord l'un et l'autre, afin que j'aie une situation. Qui dit situation dit salaire et stabilité. Salaire j'avais enfin, mais la stabilité dans nos métiers ne signifie pas grand-chose. D'où les galas plus ou moins alimentaires, et cette curieuse impression de course perpétuelle. Avec, dans un coin de mon esprit, l'image de mon père hésitant à m'acheter une bouteille de sirop de menthe. Et ce souvenir diffus de gêne financière épisodique, dont je n'avais pas souffert petit, mais qui me taraudait maintenant la conscience. L'exemple même de la quadrature du cercle : plus je m'évertuais à mettre Marie-José à l'abri pour qu'elle soit heureuse, pour qu'elle ne manque de rien, plus je l'abandonnais !

Après l'Hôtel Métropole, nous avions trouvé un appartement situé à quelques mètres de la radio, dans lequel nous avons vécu deux ans, puis nous avons encore déménagé pour nous installer dans une maison cette fois, à Saint-Laurent-d'Eze.

Dois-je l'avouer, vivre à Monte-Carlo ne m'a jamais plu, c'est une ville froide, distante, terriblement artificielle, du moins pour le non-Monégasque que j'étais. Sans doute s'y amuse-t-on en visite, allant de piscines en casinos, sans oublier les tennis, mais je n'avais ni le temps ni l'argent pour ce genre de périple doré, ni le goût surtout.

Pas d'amis, pas de famille, nous étions posés là comme nous l'aurions été dans un pays étranger. D'où la maison à Saint-Laurent-d'Eze, éloignée de cinq ou six kilomètres, avec un grand jardin autour. Comme mon père avait voulu la sienne au moment de ma naissance. Confortable, sécurisante. Avec la place prévue pour une chambre d'enfant. Et, comme mon père, j'étais toujours absent.

L'arrivée de notre fille a bouleversé l'horizon. Cette adorable miniature était prématurée, de peu, mais il a fallu la mettre en couveuse. En pleine nuit, j'avais conduit Marie-José dans une clinique de Nice pour l'accouchement, puis on m'a prévenu que je devais accompagner notre petite Virginie à l'hôpital Lenval pour qu'elle soit admise au service de pédiatrie. Dès que j'ai été rassuré sur l'état de l'une et de l'autre, je me suis précipité sur un téléphone pour joindre un ami photographe afin d'avoir des photos à montrer à Marie-José à laquelle on avait interdit de quitter son lit pendant une semaine. Ce n'est en fait qu'en prévenant ma mère, ma tante, mes sœurs, en accaparant l'unique cabine téléphonique de la clinique, que j'ai compris mon bonheur.

La vie a ensuite repris son cours, illuminée par Virginie. Le papa que j'étais marchait sur l'eau avec la tête dans les nuages, et le saltimbanque est reparti sur les routes. C'était ça l'erreur! Marie-José, avant, avait supporté sa solitude en s'appuyant sur sa liberté; une mère n'est plus jamais libre. De plus, elle était loin de tout, des siens, loin de Marseille. Et je n'ai pas noté tout de suite le changement énorme que cela supposait. Petit à petit, la situation s'est détériorée, jusqu'à ce que Marie-José se décide à rentrer chez elle.

J'avais toujours pensé (et je pense encore) qu'une existence réussie passait obligatoirement par une carrière réussie, quelle que soit par ailleurs la profession que l'on exerce. Un médecin ne peut pas être heureux s'il n'a pas de client, un menuisier non plus, tout se vaut à condition que ça marche. Et les débuts sont difficiles dans tous les domaines, je ne vois pas d'autre solution que de s'y consacrer à temps complet. Comment mener parallèlement une vie de couple, sans doute avec une immense dose de patience et de concessions, ce qui n'est pas l'apanage de la jeunesse. Mais nous avions essayé. Et je préfère les bons souvenirs, j'ai oublié qu'il y en a eu de mauvais.

Désormais, tel Cadet Rousselle, j'ai vécu dans trois maisons. Pendant la semaine, Monte-Carlo ; avec des sauts de puce à Paris pour m'essayer à la télévision ; et le week-end à Marseille, dans la maison que Marie-José habitait avec Virginie, juste à côté de ses parents. Une brosse à dents dans chaque port et un sac de voyage à glisser sous le siège de l'avion. Dix ans ! Dix années durant, j'ai parcouru ce circuit triangulaire hebdomadaire et infernal. Sans parler de mes expéditions en province et au-delà des frontières, Barcelone, Londres, etc., et des galas qui n'avaient pas cessé.

Parce que, entre-temps, j'avais entrouvert la porte de la télévision. D'abord sur place, directement à Télé-Monte-Carlo. C'est si vieux que j'ai du mal à le situer dans le temps. Une sorte de galop d'essai avec Topaloff, que Jacques Antoine, alors directeur des programmes de cette station, nous avait offert gentiment :

– Vous faites venir qui vous voulez, vous faites ce que vous voulez, du moment que ça ne coûte rien !

Trois émissions, le dimanche soir en noir et blanc, trois bouffonneries sympathiques intitulées « Côte-à-côte sur la Côte », dans un décor prestigieux que Jacques Antoine avait fait descendre de Paris où il ne servait plus à rien, d'immenses personnages découpés dont le costume rayé avait été conçu par Buren, le futur créateur des fameuses colonnes tronquées du Palais-Royal. Tous nos copains artistes étaient venus, gratuits comme nous, un délire total avec des fausses pub, parodies, chansons, et de multiples fous rires.

Mais les choses sérieuses n'ont commencé qu'en 1975, grâce à Guy Lux, et aussi grâce à la présence d'esprit d'un homme charmant, disparu il y a peu, Philippe Gosset, qui était à l'époque le rédacteur en chef de *Télé-Magazine*, le plus ancien des journaux de radio et télévision. Cet hebdomadaire remettait chaque été des « oscars » aux troubadours que nous sommes, au cours d'une cérémonie très prisée parce que organisée en Tunisie dans un superbe hôtel, la Baie des Singes. Le Tout-Paris de l'audiovisuel s'y retrouvait en goguette, la fête durait trois jours ! Or, cet oscar, j'ai eu la chance de l'obtenir plusieurs fois (une Victoire de Samothrace, plutôt vilaine !), donc d'être là. J'avais même accepté à l'occasion d'aider Philippe Gosset à présenter le spectacle. Sans cette opportunité, j'aurais sans doute pu encore attendre des années avant que la télévision, qui se fait à Paris, daigne s'intéresser à ce fou de Marseillais qui fait le gugusse sur les ondes monégasques. Personne ne serait venu me chercher!

Philippe, ne m'ayant pas oublié, me téléphona un jour pour m'annoncer que Guy Lux cherchait un présentateur pour une nouvelle émission sur Antenne 2, « C'est dimanche », qu'il recrutait par concours deux semaines plus tard. Il a ajouté qu'il avait parlé de moi, qu'on attendait mon appel. J'étais au fond de mon lit, traînant une hépatite virale sur sa fin, le teint jaune, je n'avais pas le moral ; cette bonne nouvelle a mis un terme à ma convalescence.

Le concours a eu lieu dans une cabine de speakerine des studios Cognacq-Jay devant Guy Lux et Luce Perrot qui travaillait avec lui. Nous étions trois postulants : Michel Leeb, Gérard Holtz et moi! L'épreuve se décomposait en deux parties distinctes, l'interview d'un artiste, et l'excuse à improviser à la suite d'une panne soudaine de télécinéma. Pour l'interview (il s'agissait de Guy Mardel, le mari de Luce Perrot), je ne pense pas avoir été meilleur que mes deux confrères, mais pour la coupure du film, j'avais prévu – allez savoir pourquoi ? – de cacher dans ma poche un bout de pellicule. C'est ainsi qu'au moment opportun, j'ai agité mon morceau de film en enchaînant avec un fin sourire :

– Ça tombe bien, chers téléspectateurs, j'ai justement ce qu'il nous faut, et avec un peu de colle...

Tout le monde a éclaté de rire, et j'ai été engagé pour une saison, ce qui n'a pas empêché Leeb et Holtz de faire plus tard la carrière que l'on sait! Etre toujours prêt, on apprend ça chez les scouts! Prêt et enthousiaste, l'enjeu en valait la peine.

« C'est dimanche » se déroulait en direct depuis le studio 4 de Cognacq-Jay où se succédaient un nombre incroyable de séquences qui s'emboîtaient plus ou moins bien et que je présentais comme je pouvais au milieu d'un charivari burlesque. Je me souviens de *Hulk*, la série américaine il y avait aussi « le Magazine de l'antiquité » animé par Simon Weintrop (le découvreur de Mike Brant), une intervention de Léon Zitrone, et le clou de l'après-midi était un télé-crochet inventé par Guy Lux pour découvrir, comme à son habitude, des nouveaux talents, qu'il avait intitulé « Rideau ».

« Rideau » reposait sur une fausse bonne idée – tout le monde peut se tromper – qui consistait, afin de ne pas faire de peine aux chanteurs évincés, à les applaudir pour les faire partir ! En général, dans ce genre de crochets, qu'ils soient radiophoniques ou télévisés, le public applaudit les bons et siffle les mauvais.

Guy Lux, lui, avait changé la règle par pur souci de générosité, nous expliquant que la chute du rideau sous des applaudissements serait moins désagréable pour l'artiste malchanceux. Sur le papier c'était vrai. Mais jamais la salle n'a pu s'y faire ! Certes, ils battaient des mains pour dire non, mais ils ne pouvaient s'empêcher de faire le même geste pour plébisciter leur favori, sur lequel le rideau tombait aussi sous des hurlements de protestations !

Guy Lux rugissait de colère, les réalisateurs, Abder Isker ou Georges Barrier, s'égosillaient dans les casques des cadreurs, et moi, tout seul en scène, j'étais écroulé de rire ! D'autant que ce fameux rideau, à l'italienne, était lourd et fauchait sournoisement le malheureux candidat qui ne le voyait pas venir et qui, dans un élan de voix, s'avançait un peu trop sur le devant de la scène. Car il y avait des marques à ne pas dépasser, on prévenait avant :

– Attention, regardez ce trait par terre, n'allez jamais plus bas, c'est dangereux !

Je me rappellerai toute ma vie ce groupie de Mariano entonnant, les bras tendus, le refrain culte de son dieu, « Mexico, Mexi...iii », en s'approchant de la rampe, et boum ! le rideau l'a pris par le côté et le malheureux est tombé assommé sous l'ovation nourrie des spectateurs ébahis !

« C'est dimanche », c'était ça, une journée délirante rythmée par les engueulades de Guy et de Luce Perrot en régie, qui comptaient et recomptaient les divers minutages des séquences et des séries, sachant que le chef d'antenne n'accorderait pas de temps supplémentaire, que le feuilleton était plus long que prévu, qu'on couperait les génériques, etc., une vraie folie.

Mais, une fois de plus, j'ai beaucoup appris. Guy Lux, c'est la télévision à lui tout seul, on croirait qu'il est né dedans, c'est un créateur, un initiateur, un précurseur dans son domaine, et le digne héritier de Jean Nohain. Il peut imaginer, concevoir et corriger dans l'instant, rien ne le rebute et il a tout essayé. Bien sûr, il n'est pas toujours commode dans le travail, il est assez violent, et il peut même être injuste dans la précipitation. Pour ma part, je n'ai jamais eu à m'en plaindre, peut-être parce que je venais d'ailleurs, parce que je repartais à RMC, il n'avait pas de prise sur moi. Et puis, il sait reconnaître ses erreurs, il est rapide et généreux, c'est un homme que j'admire. Bien évidemment il m'a donné envie de faire comme lui, je veux dire de la télévision populaire, c'est son créneau et c'est le mien.

En 1975, j'avais déjà cinq ans de RMC derrière moi et, dans le sud de la France, comme je l'ai dit plus haut, j'étais relativement connu. Mais j'ai compris tout de suite, dès mon retour chez moi après un premier « C'est dimanche », ce que représentait l'impact de la télévision. Je l'ai lu dans le regard des gens. Dans les yeux d'une jeune vendeuse en pharmacie à qui je demandais je ne sais plus quoi, qui a fait « Oh ! C'est vous ! » en me rendant la monnaie. Elle m'aurait tendu un million que je n'aurais pas été plus surpris, plus heureux aussi ! Un cadeau fantastique ! L'impression d'exister, d'être un héros... Après on s'habitue, on peut même s'en lasser, mais c'est mentir que de ne pas avouer son plaisir au début. C'est une note d'appréciation, un bouquet de fleurs tendu, c'est aimer qu'on vous aime, où est la honte là-dedans ? J'étais grisé !

Au bout d'un an, l'émission s'est arrêtée et on m'a renvoyé dans mes foyers, ou presque. On reprochait alors à Guy Lux de le voir trop et dans trop d'émissions. Il m'a proposé de le remplacer deux ou trois fois dans sa nouvelle trouvaille du dimanche soir, « Système 2 », un show que j'ai présenté en compagnie de Sophie Darel. Mais je sentais que j'étais sur la pente descendante, pour une raison incontournable : je n'étais pas présent.

J'arrivais le samedi soir et le lundi matin j'étais parti ! Et comme RMC ne s'écoutait pas à Paris, que je n'allais pas dans les cocktails, que je n'arpentais pas les couloirs de la Deuxième chaîne ou de la Première, on m'oubliait dès que j'avais le dos tourné. J'y ai gagné de ne pas monter trop vite l'escalier du succès, de le prendre marche par marche en essayant de ne pas me tromper. Ça évite les chutes graves, ça préserve la santé et ça laisse la tête froide. Trois bonnes raisons de se replier sur ses bases, ce que j'ai fait le plus simplement du monde. Me restaient RMC et des week-ends à peu près libres pour regarder Virginie grandir. Avec, pour me consoler, le prix de la Révélation de la télévision !

Ma traversée du désert (télévisé) a tout de même duré cinq ans. Ce n'est qu'en 1980, pour l'UNICEF, que la télévision nationale, en l'occurrence FR3, a bien voulu penser à moi pour « Les Petits Papiers de Noël », une émission à laquelle RMC était associée. Les producteurs de cette animation m'ont ensuite demandé de rester avec eux et d'animer « Les Jeux de 20 heures », avec Jean-Pierre Descombes et l'inoubliable Maître Capello, ce que j'ai fait bien volontiers pendant trois ou quatre mois, jusqu'à ce qu'un ex-membre de la fine équipe de RMC, Pierre Lescure, m'appelle pour me proposer un projet sur la 2 dont il dirigeait les programmes :

– J'ai un jeu pour toi, tu vas remplacer Philippe Bouvard et t'occuper d'un truc formidable avec le Loto !

Quinze jours après, il me rappelle :

– Désolé, le jeu ne peut pas se faire, le Loto n'est pas d'accord. Mais j'ai trouvé autre chose pour toi, une production de Jacques Antoine...

Et ce qu'il y a d'insensé dans cette histoire, c'est

que la tentative liée au Loto, qui n'a pas marché, c'était Gérard Louvin qui en avait eu l'idée! Ce même Gérard avec lequel je fais « Sacrée Soirée » et qui se battait déjà pour monter un système basé sur les chiffres du Loto et les dates de naissance. A ce moment-là, je ne l'avais pas rencontré et nous ne l'avons su que longtemps après. Quant à Jacques Antoine, il venait d'adapter un jeu que j'allais présenter pendant sept ans, à raison de cinq émissions par semaine qui passaient en fin de matinée : « L'Académie des 9 ».

Vingt ans de RMC, sept ans d'« Académie », qui dit mieux ? « Sacrée Soirée » en est à sa quatrième année d'existence et je lui souhaite longue vie.

« L'Académie des 9 » était en fait enregistrée tous les quinze jours à Paris, cinq émissions par jour, midi minuit le mardi et le mercredi, neuf invités dont la moitié était renouvelée pour chaque nouvelle séquence. Un vrai marathon! J'arrivais le lundi soir en avion avec un bon paquet de costumes dans des housses (pour me changer), je dormais au Concorde-Lafayette, tout à côté du Théâtre de l'Empire où le réalisateur Georges Barrier nous attendait pour l'enregistrement, puis le jeudi matin je redescendais dans le Midi. Sept ans. Avec RMC à faire ces jours-là en direct de Paris, les textes, le conducteur de l'émission qui transitaient grâce à Geneviève, ma fidèle assistante, par le « panier », une vraie grande panière en osier qui faisait l'aller-retour Paris-Monte-Carlo quotidiennement en avion, et toute mon équipe à mille kilomètres qui démarrait au quart de tour dès que j'entrais dans le studio et que j'ouvrais le micro.

– Allô! Monaco pour Paris! Salut, Jean-Pierre, ça va?

– Je suis prêt, on y va!

Puis on branchait l'antenne et les gens entendaient :

– Bonjour, Jean-Pierre!

– Bonjour, Léon!

C'était parti! Nous n'allions nous retrouver que le jeudi, à condition que je ne fasse pas l'émission directement de Marseille, ou bien d'une autre ville...

« L'Académie des 9 », c'était donc neuf personnalités dans neuf cases superposées sur trois rangées (de véritables cases construites en dur, et personne n'est tombé!) et moi tout seul en bas devant un pupitre, avec une pile de questions et un écran de contrôle pour compter les croix et les ronds qui s'affichaient en surimpression. Cet écran, Dieu merci, n'était pas visible pour les téléspectateurs. Heureusement! Car l'équipe technique n'avait rien trouvé de mieux, un jour, que de me projeter un film X, une véritable horreur, à faire rougir un pornographe! Et tout le monde sur le plateau le savait! A midi, sur une chaîne publique! Le fou rire a envahi le plateau comme une traînée de poudre et j'ai cru que je n'allais pas pouvoir continuer. Un jour mémorable!

Je peux affirmer que toute la France du spectacle, du cinéma, mais aussi des arts et de la littérature (songez que nous avons reçu Michel Déon, Jean d'Ormesson, issus tous deux d'une Académie plus prestigieuse que la nôtre, quelques jurés Goncourt...) a défilé dans nos murs dans la mesure où tous les genres pouvaient y être confondus. A l'exception des hommes politiques qui, à l'époque, n'utilisaient pas encore ce type de sunlights pour asseoir leur campagne électorale. A midi, nous attaquions le premier jour de la semaine l'esprit clair, en pleine forme. Les blagues fusaient, nos « permanents », comme Micheline Dax, Gérard Hernandez, Laurence Badie, Daniel Prévost et d'autres, se chargeaient de l'ambiance et prenaient un malin plaisir à souffler des réponses complètement stupides aux nouveaux arrivants souvent plus timides devant les projecteurs. (Le cas le plus frappant que j'ai connu, c'est Pierre Richard, probablement chargé de la promotion de l'un de ses films. Il s'est présenté à l'heure dite, ignorant qu'il s'agissait d'un jeu. Quand il a compris, il est tout simplement parti!)

A la fin de la journée, nous faisions une pause pour accueillir les arrivants de la dernière tranche, celle du vendredi; nous allions dîner à l'Hippopotamus du quartier afin de reprendre des forces, et pour peu que le repas ait été un peu arrosé, la soirée finissait dans un doux délire que j'avais du mal à contenir tellement j'étais fatigué!

Entre chaque prise, je devais remonter dans ma loge pour changer de veste et de cravate, pour prendre connaissance de la nouvelle série de questions concoctées par un pool de cerveaux instruits et moqueurs – dont certains sont devenus journalistes à *Libération* ou autres médias de culture! Puis je redescendais faire le maître d'école face à la succession de mes classes, ô combien turbulentes! et j'avoue qu'au milieu de la nuit, le second soir, nous étions pour la plupart hors d'état de poursuivre...

Cela pour répondre tout de même à deux questions subsidiaires : pour la première (« Sur une moyenne de quatre ou cinq invités différents par jour ouvrable, en sept ans, vous avez côtoyé près de huit mille vedettes si ce n'est plus, quel effet cela vous fait-il ? »), je dirais que le chiffre est impressionnant, certes, mais inversement proportionnel au temps que je n'ai jamais pu leur consacrer étant donné la cadence imposée.

Pour la remarque suivante (« Comment peut-on expliquer ce teint pâle, presque tendu, que vous affichiez certains vendredis à midi ? »), au risque de me répéter, je rappellerai que les douze coups de minuit venaient de sonner sur le plateau d'un mercredi plus que rempli...

« Et voilà, chers amis, l'émission est terminée, au revoir et à lundi »... On se serre la main, chacun va retrouver sa voiture dans la nuit ou attend un taxi. Pas moi, l'hôtel est à deux pas, il me suffit de descendre l'avenue de Wagram et l'avenue des Ternes jusqu'à la Porte Maillot, je préfère marcher pour me laver l'esprit.

Je préfère, mais pendant deux années, cela m'est interdit, quelqu'un me suit. Une femme. Sortie de nulle part et qui, un beau matin, a décidé que j'étais l'homme de sa vie. Une histoire sans solution. J'ai tout essayé, de lui parler, de la raisonner, de me cacher, rien n'a entamé sa détermination, rien n'a calmé son regard halluciné. Elle est là quand j'entre à RMC, quand j'en sors, elle est là devant l'Empire, et à minuit aussi. Un jour, j'annonce étourdiment à la radio que je me rends dans un petit village de la Drôme. Elle s'y trouve avant moi, sur les marches de la mairie.

Elle est jalouse, aucune autre femme ne peut m'approcher. Ses propos n'ont aucun sens, je suis l' « élu ». Je finis par comprendre qu'avant moi il y en a eu un autre, mais maintenant c'est moi! J'ai fui, littéralement, pendant deux ans, craignant le pire, pour moi ou pour mes amis. Marcher avec elle derrière moi tenait du supplice, je craignais qu'elle ne me plante un couteau dans le dos!

C'est notre lot de personnage public, je ne suis pas le seul à avoir vécu ça, mais je vous jure que cela ressemble à un cauchemar! Cette pauvre femme a disparu comme elle était venue, sans autre explication que sa soudaine absence. Sans doute à la poursuite d'un troisième élu. Et si je me permets d'évoquer ce douloureux intermède, c'est qu'il est lié si fort à la période de cette émission que je ne peux y penser sans un léger malaise. Je n'étais pas coupable bien sûr, mais la folie fait peur et j'étais impuissant.

Sept ans, l'âge de raison peut-être, le temps de réfléchir, sûrement. Il devenait difficile, pour tous, de faire le clown dans un cadre aussi rigide. Difficile aussi de renouveler la liste des invités. Nous tournions en rond, notre enthousiasme s'amenuisant, notre audience également.

De son côté, RMC avait beaucoup changé, et j'en souffrais. Pour comprendre, il faut revenir en arrière : en vingt ans de service sur cette station, j'ai connu huit patrons différents – pour preuve, au moment où j'en parle, un nouveau changement de direction est encore intervenu ! Et c'est terrible pour une société, pour les cinq ou six cents personnes qui y travaillent.

J'ai fini par être le plus ancien, une sorte de doyen dans la continuité, j'en étais arrivé à tutoyer le traiteur chargé des pots d'adieux et des pots d'accueil. Nous décidions ensemble de l'emplacement du buffet, et j'aurais pu lui conseiller d'installer sa cuisine à demeure !

A chaque mutation correspond invariablement un remaniement des programmes, associé, ce qui est plus grave, à un bouleversement de la stratégie générale, histoire d'imprimer sa griffe personnelle à l'entreprise. En clair, on casse tout, ce qui était blanc doit devenir noir et réciproquement. Conclusion : tout va de travers et même si les arguments se révèlent justes, on n'aura pas le temps de les mettre en pratique avant la prochaine nomination.

Pour exemple, en 1982, M. Jean-Claude Héberlé, rédacteur en chef du journal d'Antenne 2, remplaçait à la direction générale de RMC M. Michel Bassi, nommé, lui, quatre ans plus tôt. Aussitôt nous avons vécu le branle-bas habituel : on s'occupait du football, on ne s'en occupera plus, plus de courses de chevaux non plus ; quant à la publicité, on la remarquait trop, on la dissimulera, on parlera de « messages », c'est plus convenable et moins voyant. Aseptisons, égalisons, un peu de sérieux, messieurs... Résultat : on a perdu 30 % de nos auditeurs en six mois, et quelques budgets d'annonceurs ! De plus de 12 % d'audience nationale (ce qui était estimable pour une radio « locale »), on est tombé à 9 %.

Une nouvelle campagne de pub a été néanmoins lancée, dont le slogan était : « Quoi de neuf à RMC ? » Nous, les sans-grade, on répondait : « Neuf », tristement... Une chute pareille, c'est redoutable, quasiment impossible à arrêter, d'autant qu'un certain nombre d'autres radios locales étaient en train de naître.

En 1983, Michel Drucker entre à Europe 1 dans la même tranche horaire que la mienne, Patrick Sabatier est sur RTL, Eve Ruggieri sur France-Inter. En 1985, RTL atteint 21,5 % d'audience, RMC est descendu à 7 %. Moi, j'ai quinze ans d'ancienneté à l'antenne, et cinq ans d'« Académie des 9 » sur la deuxième chaîne avec, encore, un nouvel arrivant à la présidence, devinez qui..., Jean-Claude Héberlé (qui sera remplacé quelques mois plus tard par Jean Drucker). L'audiovisuel joue au jeu des chaises tournantes, je n'ai plus envie de jouer, je me bats contre des moulins. Pour rien.

Le miracle se produit dans l'un de mes avions de la semaine. Qui me connaît sait mon attachement quasi obsessionnel pour le « 12 h 05 » ! J'en ai tant pris que je les utilise un peu comme des taxis mais celui-là s'y prenait plus mal que ses confrères. A cause du temps, du brouillard, il était question que l'on soit détourné sur Nîmes et j'étais attendu à Fréjus pour un enregistrement des « Jeux de

20 heures ». Or, ma voiture était restée à Marseille, avec mes costumes dedans... bref, l'ordinaire, mais j'avais les nerfs à vif et cela devait se voir.

Alors un ange s'est penché sur moi et m'a proposé du café, ainsi qu'une part de cake fait maison par sa mère. Nous avons bavardé, j'ai oublié le brouillard, j'ai cessé d'être inquiet. Nous nous sommes finalement posés à Marseille, en retard, et le reste s'est tout de même arrangé.

Huit jours après, je m'engouffre dans l'aérogare de Paris, pressé, et je tombe sans oser y croire sur la même jeune femme! Ce n'est plus de la chance, cela ressemble au destin. Parmi les milliers de navigantes qui volent sur les lignes Air-Inter, le ciel en avait choisi une, je n'ai pas résisté! Evelyne n'a plus quitté ma vie, qu'elle a accepté de partager. Elle avait déjà une fille, Sandrine, j'en avais une aussi, qui avait grandi.

Un peu plus tard, nous nous sommes installés tous les quatre à Paris. Virginie retrouve sa mère quand elle veut, avec laquelle j'ai conservé de très solides liens d'amitié. Grâce à Evelyne, 1985 est devenue pour moi une année forte, probablement l'esquisse aussi d'un tournant professionnel que je vais mettre encore deux ans à prendre mais qui se prépare dans ma tête.

Il me reste encore beaucoup d'avions à prendre, je ne me plaindrai plus jamais de leur retard.

« L'Académie des 9 » s'acheminant irrésistiblement vers son terme, l'équipe de production s'est penchée sur d'autres projets, dans la période où les directeurs de programmes commençaient à chercher une idée lumineuse pour le fameux créneau de 19h40, heure à laquelle il faut préparer l'audience du fatidique journal de 20 heures. J'ai donc présenté « La Trappe », dont la durée a été éphémère, puis « Affaire suivante » où je tenais le rôle du président du tribunal face à Jean Lefebvre, accusé perpétuel. Mais l'atmosphère sentait le provisoire, le milieu télévisuel était en ébullition, on allait à nouveau permuter les chefs.

Fin 1986, Claude Contamine prend les rênes de ma chaîne et René Han celles de FR3. La Cinq, en février 1987, est attribuée par la CNCL (Commission nationale de la communication et des libertés) au groupe Hersant-Berlusconi qui part à la chasse des stars du petit écran et vide les escarcelles de ses proches concurrents. La sixième chaîne revient à Jean Drucker. Mais les Français retiennent encore leur souffle : reste la Une, l'Etat la vend, on prend des paris pour savoir à qui.

C'est le groupe Bouygues qui gagne en avril. On se souviendra longtemps de ce chèque de trois milliards de francs qui a fait la une de tous les journaux. Hervé Bourges dit au revoir en direct à l'antenne et se prépare à reprendre la direction de ... RMC ! A Monte-Carlo, mon ami le traiteur remonte son buffet, moi, je frôle la dépression nerveuse.

A TF1 nouvellement privatisée, c'est un désert : Collaro, Sébastien, Sabatier, tous ont rejoint la Cinq. Personne ne m'a appelé. Cela fait dix-huit ans que je fais ce métier, je ne crois pas avoir démérité mais j'arrive à un âge où l'on a besoin de quelques certitudes. Besoin d'avis, de critiques constructives. Or, je n'ai jamais rencontré en huit ans de télévision la moindre preuve interne d'intérêt. Je n'ai pas vu un seul de mes présidents, ni Marcel Jullian du temps de « C'est dimanche », ni par la suite Claude Contamine sur la 3, ni Maurice Ulrich au début de « L'Académie », ni Pierre Desgraupes, ni Jean-Claude Héberlé, ni Jean Drucker (si, une fois, dans l'espoir d'être augmenté, mais ça ne s'est pas concrétisé).

On nous emploie mais on ne nous parle pas, ce n'est peut-être pas du mépris, ça y ressemble en tout cas. Quand tout va bien, c'est frustrant ; quand tout va mal, c'est démobilisateur. A quoi bon ? Je cours d'un bout de la France à l'autre, je fais ce qu'on me demande, du mieux que je peux, ceux qui regardent ou qui écoutent n'ont pas l'air mécontents, et au moment où tous les bateaux repartent pour un nouveau voyage, je reste seul sur le quai.

J'ai traversé là un très mauvais moment, le moral vraiment par terre. En désespoir de cause, je décide d'aller noyer mon chagrin dans les bassins de l'Institut de thalassothérapie de Jean Bobet à Biarritz, histoire de me refaire au moins une santé pendant les fêtes de la Pentecôte. C'est quand je boucle ma valise que le téléphone sonne. J'entends la voix d'Etienne Mougeotte :

– Salut, Jean-Pierre, j'ai pensé à toi pour TF1...

A ne pas y croire! Etienne, j'avais fait sa connaissance pendant mes matinales à Europe n° 1, il présentait le journal, puis nous nous étions retrouvés souvent pendant les oscars de *Télé-Magazine* dans ce bel hôtel de la baie des Singes, en Tunisie. Entre-temps, il était entré à la direction de *Télé 7 Jours* dans le groupe Hachette et, à ce titre, faisait partie de l'équipe d'acheteurs potentiels de la première chaîne en concurrence avec Bouygues. Depuis, il avait quitté son hebdomadaire pour rejoindre TF1 au poste de directeur de l'antenne, et nos relations, bien qu'espacées, étaient restées fidèlement amicales.

– Tu peux passer me voir ?

Je n'ose même plus parler de chance, je n'ai cessé de le faire jusqu'ici, mais l'amitié, celle qui avait poussé mon copain Claude à m'inscrire au concours RMC sans me le dire, celle de Philippe Labro pour m'attirer plus tard à RTL, celle de Lescure , l'amitié d'Etienne juste au moment où tout semble s'effondrer, c'est un paramètre essentiel dans le destin d'un être humain.

La mine grise je vais le rejoindre, et il me propose « La Une est à vous », une production de Guy Lux le samedi après-midi, et « Le Juste Prix » le dimanche matin, dont il vient d'acheter les droits aux Américains. On bavarde de tout et de rien, je lui confie mes errances à Antenne 2, « L'Académie des 9 » sur sa fin, les vagues projets qui se préparent. Je le préviens de mon départ imminent pour Biarritz. L'après-midi, je participe à la énième maquette de jeu prévu sur ma chaîne quand un coursier m'apporte une lettre de Mougeotte :

« Mon cher Jean-Pierre,
Je suis heureux de notre rendez-vous de ce matin. Je te confirme ma proposition pour les deux émissions. Francis Bouygues te recevra ce samedi de Pentecôte, il reviendra pour toi dans son bureau à Montparnasse afin que tu signes ton contrat. »

Mon sang ne fait qu'un tour et cogne contre mes tempes. Si vite ! Que faire ? Il y a tout de même des règles, je m'en voudrais d'être malhonnête, on ne m'a pas appris ça. Nous sommes vendredi, j'appelle le siège d'Antenne 2 où je ne connais absolument personne, je tombe sur Louis Bériot, un proche du président de l'époque, et je lui expose mon cas :
– Voilà, j'ai des propositions de TF1, mais je suis lié depuis longtemps avec Antenne 2... J'ai des scrupules... Qu'est-ce que je dois faire ?
– Bien, je vais en parler au président, me répond Louis Bériot (en ajoutant toutes ces choses que l'on dit dans ce genre de situation). Je vous rappelle.

Il me rappelle effectivement quelques instants plus tard pour m'informer que Claude Contamine pourra me rencontrer éventuellement le mardi de la semaine prochaine. Eventuellement!

– Non, attendez, écoutez-moi! Monsieur Bouygues se déplace spécialement pour me voir pendant le week-end de la Pentecôte...

– Avant, c'est impossible! Réfléchissez, Jean-Pierre...

J'ai réfléchi. D'un côté on me voulait, d'un autre on hésitait. C'était clair.

A l'heure précise le lendemain, j'étais dans le bureau de Francis Bouygues. Il y avait également Etienne Mougeotte, Patrick Le Lay, l'actuel P-DG, et Dominique Cantien, chargée des variétés. Francis Bouygues ne me connaissait pas mais il avait une fiche à la main :

– Alors, vous êtes Monsieur Foucault! Heureux de vous rencontrer. Nous avons une bonne équipe à TF1 et nous allons gagner! Vous me plaisez, vous êtes un horizontal...

– Ah ?

– Oui! Vous savez, je m'intéresse à la morphopsychologie et je n'aime pas trop les verticaux, je préfère les horizontaux, comme moi! Vous êtes horizontal, ça va marcher!

Et il m'a serré la main. Comme jamais on ne m'avait serré la main à la télévision. Ça paraît bête à dire mais dans ce monde on s'embrasse plutôt, ou alors on s'évite, ou on se donne du « Salut, comment ça va ? » sans attendre la réponse. Cette poignée de main chaleureuse ressemblait à de la confiance, j'en avais particulièrement besoin. Il m'a regardé droit dans les yeux, m'a dit qu'on allait faire du bon travail ensemble. Je l'ai cru. J'étais assis dans le bureau du patron, on m'avait demandé mon avis, on avait l'air content de me voir! Mettez-vous à ma place!

Puis Francis Bouygues s'est retourné vers les autres et a demandé :

– Marquez-moi maintenant combien Monsieur Foucault doit faire d'audience.

Ils se sont mis d'accord sur un chiffre (qui a toujours été dépassé). C'était fini, j'avais signé, Biarritz m'attendait.

En sortant, Etienne Mougeotte m'a arrêté :

– Avant de partir, viens tout de même me voir, j'ai un type à te présenter. Il s'appelle Louvin, il a une idée fixe, jouer avec des chiffres, avec des dates de naissance, et faire intervenir des téléspectateurs à l'intérieur d'une émission de variétés. Je voudrais que tu jettes un œil, on n'a rien pour le mercredi soir... Si ça te plaît, tu abandonnes le samedi et le dimanche et tu planches avec lui pour une émission à la rentrée.

Et voilà. J'ai rencontré Gérard Louvin entre deux portes, celui-là même dont le projet avait échoué avant « L'Académie des 9 », un têtu! Comme je ne voulais pas remettre mon voyage, il m'a suivi et « Sacrée Soirée » est née chez Jean Bobet devant des verres de jus de carotte! En un samedi, j'avais changé de chaîne et de qualification. De vie, aussi.

Car « Sacrée Soirée » a complètement bouleversé

ma vie. Il y a un réel fossé entre le fait de présenter un jeu, si bon soit-il, et celui de tenir l'antenne deux heures de suite lorsque le taux d'écoute atteint son apogée.

Chaque mercredi, pour nous, une nouvelle émission se déroule, préparée quelquefois quatre mois à l'avance, et nous sommes en direct, il n'y a pas d'échappatoire. Cela ressemble à une élection hebdomadaire, le jeudi matin on compte les suffrages, gare à la chute! C'est un métier de fou, une course toujours recommencée dont toute l'existence est imprégnée.

Avant « Sacrée Soirée », je pouvais encore acheter mon pain sans me faire remarquer, maintenant c'est terminé! Le succès qui passe par un écran de télévision n'a rien à voir avec les autres sources de notoriété; les hommes politiques l'ont bien compris, qui l'utilisent aujourd'hui, même si c'est à double tranchant. Et dans notre métier, le succès, nous le vivons par étape, la première consistant à le solliciter!

L'inconnu débutant a besoin qu'on le remarque, ne serait-ce que pour être pris au sérieux. Alors il s'agite pour « être sur la photo », même au dernier rang, à peine visible, caché par les plus grands, les déjà-vedettes... Puis les années défilent et, si tout va bien, la carrière s'installe, on est placé au deuxième rang, celui des « espoirs » en vivier, et il faut encore faire coucou devant la caméra pour ne pas retomber dans l'anonymat.

Enfin, il y a la troisième étape, celle où le résultat vous dépasse, celle où l'on a prouvé son savoir-faire et où l'on se passerait bien des à-côtés factices, mais c'est trop tard ! Certains se satisfont d'ailleurs de ce vedettariat, moi pas. Je redoute les regards sur moi quand, par exemple, je me lève dans un avion pour me rendre aux toilettes ; je sais que les gens se disent : « Il le fait exprès pour se montrer ! » Je ferai n'importe quoi pour pouvoir me glisser sous la moquette ! J'essaie au moins d'arriver en avance, d'être assis quand les passagers se présentent, et je retiens toujours un siège à l'avant. D'autant que l'image a tendance à niveler la notoriété, mêlant dans le même sac les grands et les petits.

Il n'y a rien qui m'énerve plus que ces listes de popularité genre Top 50 des Français importants, où l'abbé Pierre et le commandant Cousteau se trouvent comparés à quelques stars du showbiz (par ailleurs talentueuses), où Patrick Sabatier rivalise avec François Mitterrand, où j'ai le culot bien involontaire d'être situé avant Jacques Delors et Paul-Emile Victor ! Quel rapport ? C'est risible, c'est absurde, c'est même scandaleux ! Qui ose établir un pareil amalgame ? A quoi joue-t-on ?

Il n'en est pas moins vrai que, toutes proportions gardées, lorsque ma fille me demande de l'accompagner à la Foire du Trône, je sais malheureusement que ça lui gâcherait sa journée. C'est le revers de la médaille – pas un drame, un inconvénient auquel on s'habitue, c'est tout.

Un inconvénient parfois doublé d'une légère injustice, d'ailleurs ! Est-ce qu'on demande à Belmondo, quand il se promène, de bien vouloir sauter du cinquième étage sans filet ou de monter sur le toit du métro pour prouver que c'est lui le grand acteur dont il s'agit ? Je n'en sais rien. Moi, dans la rue, on me reproche souvent de ne pas sourire « comme à la télé », c'est tout juste si l'on ne me traite pas de menteur parce qu'en marchant, en achetant mon journal, je n'ai pas la bouche grande ouverte et toutes mes dents dehors ! Les gens – du moins certains – n'imaginent pas une seconde que je puisse avoir une rage de dents (justement), ou un ennui, ou quelqu'un de souffrant dans ma famille, comme tout le monde, de même que, comme tout le monde, je paye mes contraventions, mes impôts, que je n'ai pas de passe-droits ou d'entrées particulières à la Chancellerie ou dans un autre ministère. Simplement, moi et tous mes confrères avons l'obligation de laisser de côté nos soucis personnels dès que les caméras tournent, quitte à les retrouver à la maison en rentrant. Comme les comédiens, lever le rideau quoi qu'il arrive, c'est une règle. Que le spectacle continue... Ça peut servir de pansement parfois.

Folie, je le répète, que ce métier que j'aime où tout est disproportionné. D'autant que la réussite de « Sacrée Soirée » s'est déclarée dès son premier numéro : nous avons fait près de 30 % d'audience alors qu'aucun professionnel n'y croyait et que toute la presse était contre nous. C'était le 2 septembre 1987, nous avions invité Michel Leeb (comme on se retrouve) et Jeanne Moreau, Francis Bouygues s'était déplacé pour l'occasion.

Une catastrophe ! Rien ne marchait comme prévu, j'étais en eau, mort de trac, déprimé avant de commencer, épuisé pendant, effondré après.

Nous avions travaillé d'arrache-pied, Louvin et

moi, depuis cette escapade à Biarritz. D'abord, c'était une vraie rencontre, nous nous sommes très vite aperçus que nous envisagions cette profession de la même façon. Gérard est un bourreau de travail, je lui fais une confiance absolue. Et puis il fonce, il ose, rien ne lui est impossible. Déjà producteur, il avait pris le relais de Michel Drucker sur Antenne 2 pendant son année sabbatique, avec les Charlots ; il avait aussi monté « Variétoscope » pour TF1 avec Fabrice, tout en conservant dans ses cartons son projet de spectacle articulé sur ces fameux six chiffres de dates de naissance que nous avions d'évidence tous en commun et qui pouvaient servir de fil conducteur à une émission de variétés d'un nouveau type, avec surprises à la clé.

Après quelques tâtonnements, nous avons mis en place une équipe de choc, soudée, d'authentiques « détectives » sans lesquels l'émission ne pourrait fonctionner. Après quoi, parrainés par Etienne Mougeotte et par Christian Dutoit, nous nous sommes lancés, Gérard et moi, en « prime time » ce premier mercredi de septembre, tels des gladiateurs dans un cirque romain...

Collaro, qui passait à la même heure sur la Cinq, avait déclaré le matin dans *France-Soir* : « Attention, il ne faut pas confondre le bordeaux avec la bière... » Ambiance !

C'est sûr, nous détonnions. Louvin, on le connaissait mal, moi je venais du Midi, ni l'un ni l'autre n'étions issus du sacro-saint creuset parisien ; nous étions un accident, une erreur, des rigolos perdus en mer sur un radeau en plein milieu de goélettes.

Les publicitaires, les journaux professionnels riaient de notre déraisonnable outrecuidance, les pronostics variaient sur l'heure de notre mise à mort. Allez donc, dans ce climat, même avec le soutien inconditionnel de TF1, vous lancer dans le vide devant quelques millions de téléspectateurs! J'étais vert sous mon fond de teint obligatoire.

Ajoutez à ça que l'émission a mal fonctionné, que les enchaînements accrochaient, je ne sais quoi encore, que c'était la première fois pour tout le monde, pour les techniciens, pour les invités, pour le réalisateur, pour moi, et vous aurez une petite, toute petite idée de l'état de mon moral quand je suis rentré chez moi!

Le lendemain matin, la surprise a été pour nous avec ces 30 % d'audience. Le public nous avait suivis! Comme il a suivi le mercredi d'après, et l'autre encore, tandis que nous améliorions autant que faire se peut le déroulement du spectacle.

Mais la profession, elle, ne l'entend pas de cette oreille et la presse se déchaîne. Celui-ci, dans *La Dépêche du Midi*, a « *jeté un coup d'œil sur ce fade fourre-tout* [...] *avec l'espoir que cette insignifiance aurait pris, avec l'âge, quelque goût* ». Et il ajoute aussitôt que « *rien ne vient, tout reste dans le ton de la banalité* ». Puis il conclut, en amoureux du spectacle : « *En intermède, les sempiternels molesteurs de guitares et hirsutes percussionnistes, les habituels pousseurs et pousseuses de romances souffreteuses, à la diction pâteuse. Au fond, les seuls moments agréables de cette production sont ceux où elle s'arrête pour laisser la place aux spots publicitaires. Sacrée Soirée, sacrée purée...* » En toute délicatesse.

Il a fallu longtemps pour que la hargne s'estompe un peu, à part quelques roquets rageurs, laissant place dans l'ensemble à une indifférence plus supportable. Au début, j'ai souffert de cette méchanceté, je n'en dormais plus la nuit. C'est extrêmement difficile d'être sûr de soi, sûr de ce que l'on a prévu, inventé, testé même, quand on lit à longueur de journée que c'est nul, méprisé, donc méprisable. « *Le niveau général des précédentes émissions de cet amuseur* [...] *laisse mal augurer du ton de cette première...* », se plaît à écrire cet autre dans *L'Est républicain* AVANT d'avoir py voir « En quête de vérité », puisant problablement ses sources dans le marc de café.

J'en arrivais à me demander quel courage, quelle abnégation ou quelle affreuse distraction pouvait pousser les vedettes que nous choisissions à accepter nos invitations ! Et pourtant ils venaient, viennent encore, et le public n'a jamais renoncé, que je sache. J'en ai déduit, avec le temps, que cela ne me concernait pas, « Sacrée Soirée » non plus, qu'on ne peut pas plaire à tout le monde. Il y a ceux qui regardent la télévision, et ceux qui disent ce qu'il faut regarder. A la longue, j'ai oublié que ces derniers existaient.

Elle n'avait jamais quitté son Ukraine natale et ne possédait pas le téléphone. Pour la joindre, il a fallu des semaines. Enfin, nous avons pu lui parler, lui expliquer tant bien que mal et à travers un interprète qui nous étions, ce que nous souhaitions, comment nous allions nous y prendre. Elle avait besoin d'un visa, nous avons mis quatre mois à convaincre d'abord les autorités françaises, puis les responsables soviétiques, une entreprise titanesque réclamant un doigté de diplomate et surtout une patience inimaginable. Nous avons pensé renoncer dix fois, dix fois nous avons trouvé le ressort nécessaire pour insister, pour relancer la pieuvre administrative.

Elle a dû prendre un train jusqu'à Moscou, se rendre à l'ambassade, éviter la queue sans fin des demandes de passeport, dénicher notre correspondant sur place pour obtenir les tampons obligatoires, retourner chez elle et faire sa valise, prendre l'avion avec sa fille et débarquer à Orly où nous l'attendions, attendre à son tour dans un hôtel parisien pour que « Sacrée Soirée » commence. Mais elle savait tout cela, avait accepté avec enthousiasme. Sa sœur, non prévenue, entourée de ceux qui nous avaient suggéré cette démarche, était dans la salle.

Si je raconte cette histoire, qui n'entre pas tout à fait dans les normes de l'émission, c'est qu'elle a certainement le poids d'un symbole. Pendant une saison l'an dernier, nous avions décidé d'élargir notre champ d'action en choisissant quelques cas particuliers dans le public. Et parmi les propositions que nous avions reçues, celle qui consistait à réunir ces deux sœurs séparées par des milliers de kilomètres depuis quarante-sept ans, l'une réfugiée en France, l'autre restée en Ukraine, nous avait touchés. Ce combat-là, que la télévision pouvait mener à bien grâce à des moyens autrement puissants que ceux d'un simple citoyen, est à manier avec prudence tant les enjeux sont graves. Cependant, voir ces deux vieilles dames si heureuses de se retrouver nous avait réchauffé le cœur. Ce qui se passe après ne regarde personne, mais j'ai vécu dans les coulisses des instants formidables et celui-là reste en moi comme la plus belle des récompenses.

A l'époque où Etienne Mougeotte nous avait demandé d'inventer une nouvelle formule pour le mercredi sur TF1, il existait déjà, dans le domaine strict de la variété télévisée, Michel Drucker et ses samedis sur Antenne 2, inspirés des grands shows américains avec le talent et le charme que l'on sait, et l'arrivée plus récente de Patrick Sébastien sur la

Cinq en maître de cérémonie d'un carnaval bien à lui avec sa façon tout à fait originale d'utiliser son art de l'imitation et du déguisement. Deux genres très différents, deux réussites indiscutables et installées, et pour Louvin et moi un sérieux handicap de départ, sachant qu'en plus ce type de spectacles était jusque-là réservé aux week-ends.

L'idée nous est venue de contourner le problème en le simplifiant, si j'ose dire! Puisque Drucker met ses invités en tenue de soirée et que Sébastien maquille les siens, nous allions « déshabiller » les nôtres, les montrer tels qu'ils sont hors de l'exercice de leur profession. D'où l'intervention de la « surprise »... Un comédien, un chanteur, en pleine période de promotion de son film ou de son spectacle, tient un discours élaboré de longue date, balisé, derrière lequel il peut facilement se retrancher. C'est le personnage public. Mais si un événement, quelqu'un, quelque chose, se présente inopinément, les barrières s'écroulent et la même personne, étonnée, émue parfois, perd son masque et redevient naturelle. « Sacrée Soirée » c'est ça, un moment de vérité volée.

Voir justement le Drucker dont je parle, le présentateur aguerri que rien ne peut surprendre sur un plateau de télévision, craquer comme un enfant devant son ami l'ours – celui-là même qu'il avait rencontré ourson pendant le tournage du film de Jean-Jacques Annaud, et perdant toute prudence caresser le cou de ce bel animal devenu adulte comme s'il s'agissait d'un ours en peluche, c'est pour nous l'illustration parfaite du principe de notre émission.

Reste à trouver bien sûr cet élément déstabilisateur, à le sélectionner dans les limites du convenable afin de ne pas déraper vers un voyeurisme déplaisant. Ce sont les proches qui nous aident quand nous partons à la chasse du déclic déterminant, cela ressemble à un jeu de piste géant auquel toute notre cellule s'applique en amont du jour fatidique pendant les deux mois qui précèdent. En fait, « Sacrée Soirée » se fabrique le jeudi matin dans une grande salle des bureaux de Gérard Louvin où tout notre petit monde se réunit pour, d'abord, tirer les enseignements de l'émission de la veille, et ensuite bâtir l'avenir. Le reste des jours de la semaine est consacré à la construction de l'édifice, chacun selon ses fonctions apportant sa pierre, un nouveau chanteur, un contact exclusif pour les surprises en cours, et nous faisons le point aussi souvent qu'il est nécessaire, l'un aidant l'autre pour que le montage de l'ensemble s'effectue dans les meilleures conditions. Le mercredi suivant, quand le générique entame ses premières notes, l'émission est déjà bouclée pour sa plus grande partie, je n'ai plus qu'à frapper les trois coups rituels et à brouiller les cartes pour cacher le joker le plus longtemps possible.

Et ce n'est pas le plus facile que d'éviter les rencontres interdites, dès lors que tous les acteurs de notre scénario à suspense se retrouvent dans le même lieu, installés à des étages différents, attendant l'heure de leurs prestations respectives. Cela suppose une organisation digne d'un Feydeau montée à la Comédie-Française, avec des portes qui claquent, des couloirs dérobés et des entrées secrètes. Quand tout va bien! Pour Hugues Aufray, un mauvais hasard a voulu qu'il croise sa « surprise » dans le hall principal. C'était son vieux professeur, qu'il n'avait pas revu depuis son enfance. Le professeur, naturellement au courant du but de sa visite, a reconnu son élève, mais heureusement Hugues, à mille lieues de se douter de ce qui l'attendait, est passé sans broncher pour rejoindre sa loge. Vive les distraits!

On nous a souvent reproché les larmes de nos hôtes; il ne faut rien exagérer mais il est vrai que quelques-uns ont cédé sous le choc de l'inattendu, c'est une question de circonstances. Sans vouloir me défendre, je dirai tout de même que tous nos invités sont prévenus, qu'ils n'entrent pas sur le plateau avec un pistolet sur la tempe, qu'ils sont dans leur ensemble habitués aux projecteurs, au direct. J'ajouterai sans trop m'avancer que notre formule doit avoir ses bons côtés puisque la plupart de nos célèbres « clients » reviennent! Dans le cas contraire, aurions-nous tenu si longtemps?

Jamais, de toute ma carrière, je n'ai joué avec le malheur d'autrui, c'est contre ma nature. « Sacrée Soirée » est une fête que nous offrons à tout le monde, avec le cadeau en plus.

Cadeau, l'arrivée de la mère de Nadia Comaneci, cette si célèbre petite gymnaste qui a préféré s'exiler aux Etats-Unis et qui, depuis, n'a pas pu revoir sa famille bloquée en Roumanie ; cadeau, le professeur de philosophie de Guy Bedos en Algérie, parce que cet homme superbe sous son casque de cheveux blancs, si réservé sur le plateau, a tant compté dans la jeunesse et l'apprentissage de Guy et parce que c'est lui justement qui l'a poussé à monter sur scène. Cadeau pour John Travolta, ses parents venus le rejoindre à Paris, dans une « Sacrée Soirée » sur glace pendant un « Holiday on Ice » au Palais des Sports. Il s'est mis à hurler : « Ils sont fous ces Français, je rêve ! » quand il les a reconnus dans le carrosse doré qui glissait vers lui depuis l'autre bout de la piste. Il était si content qu'il nous a tous invités à dîner ensuite pour prolonger le plaisir des retrouvailles.

– Comment avez-vous fait ? m'a-t-il demandé après.

Nous avions essayé, tout simplement! Ça prend des jours, des semaines, il faut foncer droit devant soi, avoir de l'audace. C'est pourquoi je ne remercierai jamais assez l'équipe des « surpriseuses » (Sylvie Roche, Catherine Marouani, Paule Vani) qui m'entoure et ne renonce jamais. Pour Liza Minnelli, nous avons réussi à joindre son ami d'enfance, le fils de Yul Brynner, qui a accepté de se déplacer pour cette unique soirée. Pour Patrick Bruel, récemment, dont le rêve était de rencontrer Francis Ford Coppola, c'était tellement démesuré que j'ai failli ne pas y croire.

– Essaie!

En revenant de son bureau, Isabelle Roux, chargée de résoudre l'impossible, avait un drôle de regard :

– On m'a dit oui...

C'est ainsi que Patrick, transformé momentanément en journaliste, a obtenu une interview de son idole à propos de la sortie de son troisième *Parrain*, dont nous avons pu passer des extraits à l'antenne le 6 mars dernier. Immense cadeau! Comme ce monstre sacré, Harry Belafonte, venu tout exprès de Los Angeles pour interpréter *a capella* l'un des chants les plus fameux de son répertoire à Nana Mouskouri éblouie.

Mais pour Nana, nous avons fait mieux encore, dans les débuts de « Sacrée Soirée ». A force de chercher dans nos dossiers de presse, nous étions tombés sur un très vieil article signalant que, dans la famille Mouskouri, la première à avoir souhaité faire une carrière de chanteuse n'était pas Nana mais sa sœur qui, par la suite, avait dû renoncer. Nous avons alors trouvé l'adresse de cette femme habitant Athènes, mariée, mère de famille, le plus dur étant tout de même de la persuader de se remettre au chant après tant d'années... Puis nous avons organisé dans le plus grand secret son voyage et les répétitions nécessaires à notre protégée totalement bouleversée par la perspective de monter sur une vraie scène devant des millions de gens.

Le jour dit, j'ai accueilli Nana comme de coutume, l'interrogeant sur le nombre incroyable de ses récitals, sur ses projets, sur son prochain album, enchaînant comme au hasard sur sa sœur dont la vocation avait été interrompue, et Nana, un peu étonnée que je sois au courant, n'avait pu évidemment que confirmer mes informations. Puis j'ai changé de sujet pour qu'elle ne devine rien de ce qui allait suivre.

Quand tout semblait terminé la concernant, en guise d'adieu je lui ai proposé un petit jeu à partager avec le public : trouver le nom d'une autre artiste grecque qui allait interpréter sa chanson cachée dans l'ombre d'un contre-jour adroitement étudié. Alors une voix splendide, d'une pureté de cristal, s'est élevée jusqu'aux cintres, et je dois reconnaître que l'ensemble de l'auditoire fut subjugué, comme moi. La sœur avait choisi une vieille chanson du répertoire traditionnel hellène qu'elle et Nana avaient apprise quand elles étaient enfants, et son talent, malgré un trac terrifiant, était incontestable.

Après une salve d'applaudissements grandement mérités, des noms fusèrent dans la salle : Mélina Mercouri ? Irène Papas ? Nana cherchait aussi, non elle ne savait pas... Quand la lumière est revenue et qu'elle a pu reconnaître la chanteuse, c'est vrai que l'émotion a été intense, doublée pour Nana par le plaisir rétrospectif d'avoir participé à la révélation des dons méconnus de sa sœur. Leur joie à toutes deux était charmante à regarder.

Avec une moyenne de trois surprises par semaine, il est évident que nous n'avons pas toujours eu semblable réussite, je n'ai fait que citer là quelques-uns de nos meilleurs souvenirs. Pourtant, au jeu de tel est pris qui croyait prendre, un invité de marque est parvenu à nous étonner et je ne suis pas près d'oublier cette soirée exceptionnelle. Il s'agit de Valéry Giscard d'Estaing. Nous étions tous impressionnés, forcément. L'événement était de taille, ce n'est pas tous les jours que l'on a l'occasion de recevoir un président de la République dans une émission comme la nôtre. J'en avais perdu le sommeil deux ou trois nuits avant.

En lui disant bonjour, le plus crispé des deux c'était moi et c'est lui qui, paradoxalement, m'a mis à l'aise! De plus, sa simplicité, sa gentillesse, son naturel, quand il a commencé à nous raconter des histoires – par ailleurs fort drôles –, nous ont complètement ahuris. Jamais nous n'aurions pu imaginer qu'un homme tel que lui allait tant nous faire rire! La salle lui a réservé un véritable triomphe, les gens m'en parlent encore...

Comme on me parle aussi de l'émotion réelle de Charles Aznavour quand nous sommes parvenus à lui offrir une version unique de sa chanson *Pour toi, Arménie* interprétée pour lui, en direct, par vingt chanteurs arméniens totalement inconnus en France mais grandes vedettes dans leur pays.

Avec Charles, notre histoire avait failli mal commencer, débutant en plus dans un contexte dramatique. Nous avions décidé, dès que nous avons appris le terrible tremblement de terre en Arménie, de lui donner un temps d'antenne dans l'émission afin qu'il puisse lancer son premier appel de solidarité. Puis nous lui avions proposé, au cours d'une autre « Sacrée Soirée », de vendre aux enchères par l'intermédiaire de SVP le disque d'or obtenu pour les ventes de son 45 tours auquel toutes les stars françaises du spectacle avaient participé. La plus grosse offre avait été de 700 000 francs, que nous nous faisions une joie de lui remettre pour son Association.

Hélas, huit jours plus tard et malgré nos efforts, le « généreux donateur », sur lequel nous avions pourtant pris des renseignements, a changé d'avis et nous a refusé la somme annoncée. Gérard

Louvin a réfléchi, montre en main, trois secondes, le temps de raccrocher le combiné porteur de la mauvaise nouvelle. Puis il a fait le chèque correspondant sur sa société de production. C'était bien. J'ose dire que je suis fier de ce moment. Mais nous restions tout de même avec le sentiment amer d'un échec, même involontaire, même réparé. Et d'ailleurs Charles avait encore besoin de soutien pour continuer à alerter l'opinion et poursuivre sa croisade en faveur de ces pauvres gens privés de tout sur leur terre dévastée. C'est pourquoi nous nous sommes lancés dans ce projet compliqué qui consistait à faire venir ces artistes d'Arménie.

La complication, nous la connaissions, c'est bien évidemment l'organisation du voyage. Autour d'une table à Paris, rien de plus simple, un avion devait les prendre à Erevan, la capitale, les amener à Moscou, d'où un avion de ligne les conduirait chez nous. Mais au moment de l'embarquement à Erevan, voilà que six places manquent, pourtant retenues ; un oubli, que sais-je ?... Etant donné les délais assez courts, nous allions à la catastrophe sans la détermination du commandant de bord, un Arménien lui aussi, qui a refusé de décoller s'il n'obtenait pas l'autorisation de tous les embarquer ! Parce qu'il savait qu'il s'agissait d'Aznavour, qu'il tenait à participer. Et contre toutes les règles de navigation aérienne, installés l'un dans le cockpit, l'autre dans les toilettes et ainsi de suite, nos vingt complices arrivèrent à bon port et purent chanter pour Charles, qui en eut les larmes aux yeux tant le chant de ses amis était beau, chaleureux, plein de ferveur. Aux premières mesures de cette prière soudain si forte, redevenant simple spectateur, j'avoue avoir eu moi-même la chair de poule.

Nous avons vécu une émotion similaire avec Serge Gainsbourg le jour où nous avons réussi à lui montrer un bref reportage sur la maison de ses parents située dans une zone toujours protégée de l'URSS. Ce film, que nous avions pu réaliser à condition de le faire tourner par la télévision soviétique, reconstituait pour Serge un passé inconnu, le lieu où son père et sa mère s'étaient rencontrés, puis mariés avant de s'exiler en France, les rues alentour, le jardin public, la demeure familiale, tout un assortiment d'images inédites pour lui et chargées du poids supplémentaire de l'interdit. Aussitôt l'émission terminée, il s'est précipité sur Daniel Moyne (notre talentueux programmateur) pour demander la cassette, il voulait la revoir tranquillement chez lui. « Vous m'avez eu, les mecs ! » a-t-il dit en partant, et il était sincère.

Aujourd'hui, les surprises se font plus rares, nous avons été amenés à les espacer dans la mesure où nous risquerions de nous répéter. L'émission évolue, évoluera encore. Mais ces surprises, ces courts moments de comédie improvisés, restent pour moi, pour nous, comme un album de famille. On le feuillette, on dit : « Tu te souviens... », et tout un morceau de vie défile dans nos mémoires. Cela ressemble à une succession de petits voyages ; on part ensemble, on visite, on revient, on se sépare. Demeure en filigrane l'impression fugace d'une brève complicité.

« Sacrée Soirée », nous l'avons vu, représente pour chaque diffusion un certain nombre de pièges que l'expérience nous a appris peu à peu à contourner, et si pourtant il reste encore quelques détails à régler dans la journée du mercredi, nous sommes en principe tout à fait prêts quand l'émission commence. Sauf à cette occasion de sinistre mémoire où rien n'a fonctionné, au point de devoir tout remettre au jour suivant ! C'était au cours de la fameuse croisière sur l'ex-*France*. Et pourtant l'idée en soi était jolie...

Tout a commencé par une conversation avec un bon ami, Daniel Broch, le patron du Miramar à Biarritz où Louvin et moi avions fait connaissance, qui me fait part du projet de Marc Braillon, président de RMO (une société de travail intérimaire) qui souhaitait qu'une « Sacrée Soirée » exceptionnelle vienne couronner cette croisière déjà prestigieuse sur le *Norway* rebaptisé *France* pour la circonstance. Huit jours au large du Mexique sur ce bateau de légende, la possibilité d'émettre par satellite, quoi demander de mieux ? TF1 accepte, nous aussi, nous préparons un programme de choix et faisons nos valises pour ce périple paradisiaque!

Dès l'arrivée à Miami, les choses se gâtent. Nous devons y passer une nuit, Evelyne est avec moi, l'hôtel retenu se trouve juste en face du pont-levis des douanes... A l'arrêt c'est original, sans doute, mais les bateaux ne cessent de défiler et les rouages du pont manquent d'huile. Entre les ululements des sirènes et les couinements rouillés de la partie mobile de ce monument d'acier, je sens très vite la crise de nerfs m'envahir et me décide à demander de l'aide au portier.

– Monsieur, demain je me lève très tôt, je voudrais changer de chambre...

– Quel numéro ?

– Je suis au 1028.

– Oh là...

Il savait! Le temps de déménager, de se réinstaller, nous laisse à peine quelques heures de sommeil agité avant l'embarquement groupé sur le paquebot qui nous attend. Qui, du moins, est sensé nous attendre, mais dans le désordre apparemment : les cabines ne correspondent pas aux noms, les bagages, innombrables, s'entrechoquent dans les coursives, nos deux tonnes de matériel démobilisent définitivement les meilleures volontés. Enfin, exténués mais chacun ayant récupéré sa place, nous appareillons vers le large et c'est alors que la tempête se lève. Une vraie bonne tempête avec un ciel en colère, des pluies torrentielles, une mer déchaînée. Pour une croisière normale, ce n'est pas engageant; pour notre émission à venir, c'est une catastrophe!

Ne pouvant se bronzer sur le pont ni descendre à

terre aux escales dans la mesure où les chaloupes sont inutilisables, les passagers payants de cette expédition se mettent à tourner en rond comme des écureuils en cage et reportent leurs ressentiments sur ces bateleurs encombrants que nous sommes :

– Et le spectacle, c'est pour quand ?

Le problème, c'est que, justement, ce spectacle-là n'est pas pour eux. Nous n'avons pas parcouru près de la moitié du globe pour distraire ces voyageurs privilégiés mais pour montrer aux téléspectateurs de notre Mère patrie tranquillement assis dans leur salon devant leur poste un des anciens fleurons de la flotte française. Donc nous travaillons dans la salle des machines, sur les passerelles, le long des deux imposantes cheminées, partout mais certainement pas tous réunis dans la grande salle des spectacles.

– Pourtant nous avons payé...

Oui mais pas nous, pas pour « Sacrée Soirée » !

La tension monte, l'atmosphère devient électrique, le soleil ne se montre toujours pas. Et nous tournons. Nous tournons sur le pont entre deux averses, le pauvre Philippe Lavil doit reprendre dix fois sa chanson... Pour protéger Vanessa Paradis des mêmes inconséquences climatiques, nous l'installons dans le grand salon style Art déco préalablement vidé de tout public, et mal nous en prend : une baignoire à l'étage supérieur déborde et l'eau traverse le plafond en rigoles sinueuses qui s'écrasent sur l'épais tapis ; la malheureuse est obligée d'enjamber des bassines et des serpillières pour interpréter une des dernières compositions de Gainsbourg ! *Hellzapoppin*, je ne peux pas mieux dire !

Et ce n'est là qu'un pâle reflet de l'enfer qu'un mauvais sort nous a réservé ! Car le plus grave est devant nous, que nous croyons avoir habilement contourné : une semaine avant le départ, alors que toute la technique avait déjà pris son envol, on nous avait informé qu'il était impossible finalement d'émettre en direct (bien que l'on nous ait affirmé le contraire auparavant), que la seule parabole qui pourrait nous le permettre se trouvait à Los Angeles et que, peut-être, en louant un avion-cargo qui l'apporterait sur le bateau... sans garantie aucune ! Bon. Nous avions donc prévu d'enregistrer dans les conditions du direct le mardi, sachant que le *Norway* s'arrêtait le lendemain dans les parages de l'Ile de Cozumel, à quelques encablures du Mexique, et qu'il était facile de louer un petit avion pour retourner à Miami avec nos cassettes et retrouver notre fidèle Laurence qui attendait à l'Hôtel Fontainebleau pour effectuer les appels téléphoniques. Restait le transcodage obligatoire des bandes, que nous comptions réaliser dans un studio loué par Marie-Christine Mouton-Deguille, notre coordinatrice artistique. Au moins, cette partie du puzzle semblait réglée. Semblait seulement.

De Paris, nous avions chronométré vingt fois le parcours à suivre : six heures du matin, le réveil des braves (Louvin, Gilles Amado le réalisateur, le chef d'orchestre Laurent Petitgirard et moi) ; sept heures, l'avion décolle de Cozumel pour Miami, avec une heure de trajet environ et sept heures de décalage horaire sur Paris, nous avions largement le temps nécessaire pour transcoder et diffuser le mercredi soir en France. Après quoi nous avions prévu quatre jours de vacances à Cancùn (Mexique), au bord de ses plages dites divines.

A six heures, nous sommes debout, mais pas les douaniers. A sept heures ils arrivent, heureux, pour prendre le petit déjeuner à bord. Une heure après, ils acceptent de viser nos passeports et nous autorisent à quitter le navire. La navette nous attend, mais attend aussi les passagers auxquels on a promis une promenade dans l'île. Les minutes s'écoulent, personne ne vient, Louvin est pris d'une fureur homérique qui impressionne le commandant et nous permet de partir avant les autres. A terre, une nouvelle embarcation nous conduit à l'aéroport où le pilote de notre avion tente d'apaiser notre exaspération :

– De toute façon, il y a une heure et demie que je tourne autour du terrain, le contrôleur de la tour ne s'est pas réveillé...

Très bien. Il est maintenant neuf heures, ça va encore, nous décollons pour Miami. Nous y guette la douane de l'endroit (puisque nous entrons aux Etats-Unis) et la police américaine :

– Bonjour, messieurs, et bienvenue ! Vous restez combien de temps ?

– Une demi-journée.

– Ah... Pour quoi faire ?

– Voir des amis.

(Si nous avions parlé travail, il aurait fallu un visa spécial, nous n'en possédions pas.)

– Et vous venez d'où ?

– Du *Norway*.

– Ah... Et vous avez loué un avion privé pour ça ! Après, vous faites quoi ?

– Après, nous voulons nous rendre à Cancùn...

Ils ont fouillé l'avion de fond en comble, cherchant l'erreur, persuadés sans doute que nous transportions de la drogue. N'ont rien trouvé naturellement pendant que notre temps s'amenuisait irrésistiblement. Puis, convaincus de notre bonne foi, nous ont laissés partir. Nous dénichons enfin le studio loué par Marie-Christine, tout est prêt, le faisceau satellite, la régie finale à Paris. Etienne Mougeotte s'y trouve, avec Christian Dutoit. A vos marques...

– No Pal ! nous lance alors d'une voix lugubre le technicien américain chargé du transcodage.

Il avait confirmé par « fax » mais avait oublié l'essentiel... Etienne pouvait me voir sur son écran de contrôle, voyait aussi la cassette dans ma main, mais nous n'avions aucun moyen de transmission. J'en aurais pleuré si j'en avais eu la possibilité.

Nous avons attrapé un avion qui partait pour Paris dans la demi-heure, via Cincinnati, d'où j'ai appelé Evelyne.

– Tout va bien ? Tu reviens à quelle heure ?

– Je ne reviens pas, nous repartons pour la France !

Nous avons atterri à dix heures le jeudi matin, et le soir notre « Spécial *France* » remplaçait *Navarro* décalé pour l'occasion.

Je n'ai jamais vu Cancùn et son sable doré, mais je le crois encore, c'était une jolie idée...

Après avoir décrit le meilleur et le pire, je n'aimerais pas laisser de côté l'émission qui m'a le plus touché, à titre personnel, il s'agit de celle intitulée « Sacrée Télé ».

Notre but était de rendre hommage aux pionniers, à ceux qui ont vécu la première aventure et dont le souvenir reste magique. Et ils sont tous venus : Pierre Sabbagh et sa femme Catherine Langeais, Georges de Caunes, Jacqueline Caurat, Claude Darget, Raymond Marcillac..., pour notre grand plaisir. Sans eux, nous ne serions pas là. Pour les remercier, nous avions invité tous les autres, ceux de la télévision d'aujourd'hui, un fabuleux défilé toutes chaînes confondues. Ce n'est pas si souvent que l'on peut réunir un plateau de ce genre et j'ai le goût de la famille. Ce jour-là, j'étais vraiment ému d'en faire partie. Merci à eux.

– Ah oui! C'est vous! Je vous écoutais quand j'étais petit!

La première fois que j'ai entendu ce cri du cœur, je n'ai pas cru que c'était à moi qu'il s'adressait. On ne vieillit pas quand on s'amuse, on ne voit pas le temps passer. C'est RMC malade, petit à petit dévastée par le départ de la plupart de mes collègues remontant vers Paris, qui m'a réveillé. Mais la chute était lente et j'espérais encore un miracle. On ne quitte pas si facilement le navire que l'on aime quand il coule, même si le chant des sirènes vous appelle au dehors.

J'ai mis cinq ans à me séparer de RMC, je ne parvenais pas à me décider. J'avoue que « Sacrée Soirée » m'y a aidé. Jusque-là, même en ayant cédé à la tentation de la télévision, j'accordais la plus grande partie de mon temps à la radio, et par ricochet, à ma région. Paris pour moi c'était l'hôtel, façon transit. Mais « Sacrée Soirée » ne peut se concevoir par téléphone ou dans un aéroport et les aller et retour incessants commençaient à me peser. Je ne sais pas ce que j'aurais fait si RMC avait gardé son identité et son élan, le choix aurait été cruel. Du moins, j'ai attendu.

Gérard Louvin, entre-temps, avait trouvé un complice pour m'arracher au Midi, Philippe Labro, directeur général des programmes de RTL. Je me défendais en leur expliquant qu'on ne change pas de famille comme ça, et je le pensais profondément ; en vérité, c'étaient mes souvenirs que je ne voulais pas abandonner. Je m'accrochais à une idée qui n'avait plus rien à voir avec la réalité. Comme les enfants je me racontais des histoires, tout en ayant de plus en plus de mal à y croire. Le charme avait disparu.

Je suis resté vingt ans, un bail exceptionnel. Encore un an et j'aurais obtenu de la main du prince la médaille du travail ! Deux éléments ont finalement balayé mes scrupules, beaucoup plus déterminants en fait que les multiples inconvénients de ma vie itinérante : il y a eu, d'une part, l'invitation réconfortante de Philippe Labro et de l'ensemble de sa station, RTL, la radio la plus écoutée de France, qui perpétuait en fait et avec plus de moyens tout ce que j'avais apprécié à RMC au temps de sa splendeur. D'autre part, même si j'ai longtemps refusé de m'en convaincre, ma rupture avec RMC était déjà consommée dans la mesure où, insensiblement, je commençais à m'y sentir étranger. Les derniers temps, je m'y rendais comme en visite, tel un fantôme hantant une maison bien connue qu'il ne reconnaît plus parce qu'elle a changé de propriétaire.

Mon souci principal a été alors de trouver le moyen de refermer la porte de la maison le plus discrètement possible et de partir sur la pointe des pieds.

Le jour du départ a été très émouvant. J'ai réuni une cinquantaine de mes camarades, tous ceux qui avaient travaillé avec moi, dans un grand restaurant typiquement niçois au-dessus de Monte-Carlo. Il y avait bien sûr Léon, mon principal supporter, Geneviève, ma patiente assistante qui, pendant vingt années, avait jonglé avec les téléphones et les billets d'avion et de train pour que l'émission démarre à l'heure (et qui m'a fait l'honneur de me choisir comme parrain de sa fille), Barbara, la programmatrice de la station, Carole Chabrier, mon éternel souffre-douleur, toute la famille regroupée dans une fête monstre et bien méritée où chacun s'appliquait à être gai malgré la triste conjoncture d'une page à tourner. Et c'est Laurent Cabrol qui m'a remplacé.

J'avais vécu les bons moments d'une radio somme toute artisanale, avec l'excitation de l'improvisation immédiate, je rejoignais le très grand professionnalisme d'une station assise sur les bases solides de l'expérience et de la continuité. RTL cumule les avantages de la liberté que lui donne son énorme succès, ainsi que du confort appréciable de son ambiance là aussi familiale. Certes, la famille compte plus de membres qu'à RMC et adopte volontiers les cousins par alliance, mais le noyau central veille à la permanence de sa spécificité. Si une question se pose, si l'on veut avancer, innover, il y a toujours quelqu'un pour répondre, une structure pour aider. La force de RTL, c'est que ses dirigeants savent et sont tous du métier. A notre époque, la radio ne s'invente plus, il n'y a plus besoin de pionniers, il faut des spécialistes.

Il faut également un public, une connivence. Pas plus que la télévision, la radio n'est uniforme; chaque chaîne, chaque station possède sa personnalité. Venant de RMC et marqué par « Sacrée Soirée » (heureux de l'être), je n'avais en fait pas d'autre possibilité que RTL. Le public est le même, attend la même musique. Je me vois mal par exemple sur France-Inter (malgré tout le respect que je lui porte) à essayer de m'adapter au moule d'un discours plus ciblé, un peu élitiste, qui ne correspond pas à mon image et mettrait les auditeurs en déséquilibre. Il faut apprendre à choisir, autrement dit bien se connaître et savoir cultiver son propre jardin.

Les dés étant jetés, je suis devenu parisien, ou plutôt marseillais à Paris. J'y vis avec Evelyne et nos deux filles, la chienne et le chat qui gardent la maison. Mes amis de là-bas, ceux de Marseille et ceux de RMC, je les vois pendant nos week-ends à Carry-le-Rouet, où ma fille Virginie, elle, retrouve sa maman.

A peu près en même temps, Mickey Mouse et ses amis m'ont invité dans leur « Disney Parade » du dimanche après-midi. Les dessins animés n'ont pas d'âge, les présenter me rajeunit. J'ai pleuré tout petit quand Bambi perd sa mère, ma fille aussi, et mes petits-enfants suivront ses aventures avec autant de fascination. Disney est éternel, je ne fais que passer. Mais j'aime bien ce passage coloré.

Cette fois, la page était vraiment tournée.

« ... Pendant que sur les chaînes voisines, des soaps indigents et une Sacrée Soirée fétide rassemblaient des troupeaux de bovidés atteints d'encéphalopathie spongiforme chronique. »

Textuel ! Je ne citerai pas de noms, ce n'est pas mon propos, mais n'est-ce pas un peu exagéré ?

Si j'ai choisi cette perle rare parmi le florilège des délicatesses que me réserve encore une certaine critique, c'est parce qu'elle a – une fois n'est pas coutume – la surprenante honnêteté d'avouer ses critères : son mépris quasi charnel pour tout spectacle populaire, y compris pour le public qui en est le principal participant. Le défaut essentiel de mon émission, c'est son audience. Si personne ne la regardait, si c'était un fiasco complet, il est probable qu'on finirait par me prêter du talent.

C'est vrai que je cumule les maladresses, je fais une émission qui marche, c'est déjà inconvenant ; et sur une chaîne qui fonctionne bien, cela devient impardonnable. C'est bien connu, dans les sondages autorisés, on préfère Antenne 2 (à réputation culturelle) mais on regarde TF1 ! Comme si un méchant petit diable s'amusait à appuyer sur le mauvais bouton du poste, exprès. C'est bizarre mais il faut s'y faire, on appelle ça le terrorisme intellectuel. Ce qui n'a d'ailleurs rien à voir avec les intellectuels eux-mêmes, qui ont autre chose en tête que de critiquer la télévision. Non, ceux qui s'énervent à tout bout de champ et crient tous azimuts contre le succès de leurs congénères sont une espèce à part d'atrabilaires qui s'obstinent à faire des listes de bonnes et de mauvaises notes à seule fin de rassurer leurs abonnés. C'est « bien » de n'aimer rien, c'est de bon ton de médire, c'est « parisien ». Le même microcosme hurlait après Hinault quand il gagnait ses courses, ou Merckx ou Anquetil, Delon et Belmondo ont subi un sort analogue dès qu'ils ont rempli des salles de cinéma, la réussite est suspecte dans tous les domaines, c'est la règle établie! Après, on dit aussi que c'est navrant, la crise du cinéma.

Le théâtre a longtemps souffert lui aussi de ce genre de sectarisme. Une pièce dite « de boulevard » a toutes les chances de déclencher les foudres de la critique bien pensante pour peu qu'elle joue à guichets fermés. Aussitôt la vieille garde embouche son clairon de vertu et sonne l'hallali pour rameuter ses troupes : Attention, là on rit, danger !

A la télévision, c'est pire. Les émissions qui font de l'audience sont automatiquement stupides, et les gens qui osent les regarder sont invariablement taxés de double imbécillité : une fois pour ce qu'ils ont choisi de voir, une seconde fois pour ce que, dans le même laps de temps, ils ne verront forcément pas. Etre téléspectateur aujourd'hui relève d'une vocation à haut risque!

Et tout ce bruit pour rien. Car cette presse-là ne prêche prudemment que pour ses propres ouailles qui, de toute façon, ne s'intéressent pas à ce type de spectacle. Le beau courage que voilà ! N'allons pas en déduire que le théâtre de recherche ou un débat télévisé de haut niveau n'a pas besoin du soutien des médias, ça j'en suis tout à fait convaincu, mais il n'est pas nécessaire pour autant de jeter tout le reste par-dessus bord.

Quant à chercher plus loin les raisons de tant d'acharnement à mon encontre, je ne sais quoi répondre. La télévision, cet encore jeune moyen de communication, a pour mission générale d'informer, d'instruire et de distraire. A chacun son métier, j'ai choisi la distraction, que ce soit à la radio ou à travers le petit écran. Qu'est-ce qui ne va pas, mon sourire ? Est-ce un défaut rédhibitoire que d'avoir l'air content de recevoir nos invités, devrais-je plutôt les insulter ou jouer la sinistrose tout en résolvant une équation du second degré ? Quand je reçois Bedos, on dit que c'est un hasard, mais quand il allait à « Apostrophes », c'est Pivot qui avait du talent ! C'est aussi bête que ça. « Fétide, Sacrée Soirée » ? Et allez donc, c'est tellement facile... Un autre zélé du porte-plume, il y a un an peut-être, avait parlé de « fouconnerie » (merci pour le nom que je ne suis pas seul à porter dans ma famille), un type que je n'avais jamais vu, un espiègle sûrement. On s'amuse comme on peut chez les cultureux. « Et qu'on lui coupe la tête ! » hurle la reine des cartes dans *Alice au pays des merveilles*, au moins c'est radical... Tant d'attention c'est trop, messieurs, n'en jetez plus, zappez, de grâce !

Et tout ce fiel, j'y reviens, à cause du fameux taux

d'écoute. Parce que nous mettons toutes les chances de notre côté pour être regardés, de beaux décors, des vedettes, de la musique, des cadeaux, des paillettes.

– Bonjour monsieur, voici une salle, des projecteurs, des caméras, inventez-nous une émission qui ne marchera pas, d'accord ?

Qui répond oui, quel masochiste ? Qui, aussi bien pour un documentaire, un magazine littéraire, un talk-show, va espérer une telle absurdité ? Que va tenter Hervé Bourges nouvellement élu sur les deux chaînes publiques, quelle sera la future tactique de la Cinq, que cherche M6, la petite chaîne qui monte ? L'échec ? Certainement pas, et c'est tant mieux ! Vive la compétition, mes frères, elle nous poussera à devenir meilleurs, à inventer d'autres formules, elle réveillera notre imagination, pourquoi aurions-nous peur ?

Ma seule ambition, c'est d'apporter au plus grand nombre un petit moment de bonheur simple et sans prétention à l'heure où toute la famille se retrouve à la maison. Et ma vraie récompense, c'est que près de quinze millions de gens regardent l'émission depuis quatre années maintenant. Ça ne me paraît pas représenter un danger pour la nation ! J'aime les gens, ils le savent, je m'applique à mériter leur confiance, je suis proche d'eux et j'en suis fier. Sans eux, sans le public, une émission de variétés n'existe pas. J'ai besoin qu'ils soient là, chez eux devant leur poste et aussi dans la salle.

D'autant que le spectacle n'a qu'une existence éphémère, il se joue sur le vif, une heure après c'est oublié ; la semaine suivante il faut tout recommencer. Car la télévision diffère du théâtre ou du music-hall en ceci qu'elle n'offre qu'un essai qu'il faut conclure au mieux avant la fin de la soirée. Un comédien, lui, rejoue sa pièce chaque soir devant un parterre différent, un chanteur c'est pareil, ils ont au moins le temps de se parfaire. Nous, c'est tout et tout de suite, autrement il n'y aura pas de prochaine fois. Car notre public, à quelques exceptions près, reste le même : s'il n'a pas apprécié, lui ne reviendra pas...

Un malheur ne venant jamais seul, non contents de poursuivre « Sacrée Soirée » sans la moindre mauvaise conscience, nous avons souhaité, Gérard Louvin et moi, nous attaquer à une autre forme de télévision, en se rapprochant un peu du magazine d'investigation. « En quête de vérité », notre nouvelle émission, n'a pas pour but de traiter l'événement brut mais plutôt, une fois par mois, de faire le point dans un délai de temps tel que, toute passion retombée, les protagonistes puissent s'expliquer. Notre sujet, le fait divers. Notre seul souhait, comprendre, en tout cas essayer. Comment devient-on un criminel, pourquoi un train déraille, une discothèque brûle, peut-on éviter à l'avenir ce genre de drame ? Les questions viennent tout naturellement, je formule celles que tout le monde se pose, les questions de la rue qui restent trop souvent sans réponse. En d'autres temps, personne n'a pu résoudre celles qui m'ont obsédé sur la mort de mon père. C'est peut-être pour ça.

Que n'avions-nous pas fait là ! Crime de lèse-majesté, nous voilà empiétant sur le terrain réservé des journalistes, pris en flagrant délit d'usurpation d'identité ! Franchir cette frontière sans autorisation, à la télévision, c'est une faute grave, au-delà de cette limite on tire à vue. J'ai la permission de dire : « Et votre prochain récital, vous le prévoyez à quelle date ? », mais : « A votre avis, Petiot, c'est qui ? », ça, c'est interdit. Quand je reçois Yvette Horner sur le plateau de « Sacrée Soirée », je fais mon métier ; si pour lui faire plaisir, j'invite Alexis Weissemberg, je dois me ruer sur mon téléphone et convoquer toutes affaires cessantes Jacques Chancel ! Le journalisme est une profession chatouilleuse qui tient à marquer son territoire, j'avais déjà les critiques contre moi, ça ne suffisait pas !

– Il n'a pas le droit, il n'est pas spécialiste...

Justement ! Le non-spécialiste que je suis voudrait bien satisfaire sa curiosité, c'est ça l'originalité de notre « En quête de vérité » : reprendre le raisonnement à zéro, trier les informations non pas « à chaud » mais avec le recul nécessaire, éliminer les faux-semblants, en un mot, c'est apprendre. Je ne suis pas spécialiste, et c'est ma force pour poser les vraies questions à ceux qui le sont. Quant à trahir la profession...

Ces querelles de clocher sont quelquefois décourageantes mais n'entament pas, en fait, ma bonne humeur. Critiques, journalistes, censeurs de bon aloi, merci ! C'est quand on baisse sa garde, quand on se prend trop au sérieux, que l'on rate le principal, sa vie. A peine la semaine terminée, je retourne dans mon Midi natal.

Une fois, une seule, je n'ai pas pu m'y rendre quand on m'y appelait. C'était le 26 février de cette année. Un mardi. Je rentrais de vacances, je devais enregistrer « En quête de vérité » dans la journée. Et Véronique, la jeune femme qui s'occupait de ma tante, m'a téléphoné pour m'apprendre qu'elle semblait plus fatiguée que d'habitude, pour me demander de venir. C'était malheureusement impossible.

Depuis le 18 décembre dernier, ma tante ne parlait plus ; dans la nuit elle avait eu une attaque, la laissant paralysée du côté droit. Elle disait oui, non, de la tête, pressait ma main dans la sienne, entendait, comprenait, mais n'avait plus la force de s'exprimer. Ainsi, nos rendez-vous téléphoniques quotidiens s'étaient interrompus après cet après-midi du 18 décembre où je l'avais appelée comme de coutume pour avoir de ses nouvelles, pour évoquer ces petits riens d'une journée en parallèle, elle à Marseille, moi ici, avant de la retrouver le samedi. Elle m'avait dit, à l'issue de notre conversation, comme tous les jours depuis des années, les mêmes mots : « Au revoir, Jean-Pierre, je t'embrasse bien fort ! », j'avais répondu « A demain », et à jamais elle s'était tue.

En sortant de mon enregistrement de ce mardi de février, je me suis rué sur un téléphone pour joindre Evelyne, qui était descendue à ma place. Ma tante venait de mourir. Deux heures plus tard, j'avais un nouvel enregistrement prévu pour le « Spécial Fernandel » du lendemain, un duo avec Michel Drucker sur une chanson de caf'conc' plus que célèbre : *Félicie.* J'aurais préféré un moment de silence.

Le jour suivant fut pire peut-être. L'hommage à Fernandel dans « Sacrée Soirée », la vie heureuse et familiale de l'acteur à Marseille, les chansons, les rires, et pour finir la fête des Grands-Mères sur le plateau, les fleurs, le champagne... J'ai fait tout ce que j'ai pu, et l'émission a, paraît-il, très bien marché. Vraiment très bien, comme un signe ultime. Mais elle s'est déroulée sans moi : un autre, ce soir-là, avait pris ma place, faisait mes gestes, souriait comme moi. Moi, je m'étais absenté la veille. Dans ses affaires, j'ai trouvé toutes les coupures de presse me concernant, les images de ma communion solennelle, les siennes, un hier ramassé dans des tiroirs, bien rangé. Ma tante était mon seul lien avec le passé, avec mon père. Un pan de ma mémoire est mort avec elle ce 26 février.

A la fin de l'hiver fleurissent les mimosas, les cafés ouvrent leur terrasse aux promeneurs de la Canebière. Au printemps, les collines se couvrent de genêts, l'air sent l'iode et la résine de pin, les voiliers piaffent à la moindre brise. Je me promène dans Marseille, je regarde la mer, je suis chez moi sur le Vieux Port ensoleillé. Loin des rumeurs parisiennes, loin des esprits chagrins.

Depuis trois ans seulement, j'ose prendre des vacances, et sans Evelyne je ne sais même pas si j'aurais une maison. Mais Marseille est à moi comme mon sang dans mes veines, j'y croise mes plus beaux souvenirs, j'y cherche l'ombre de mon père sur les quais de la Joliette, je hume le vent en souhaitant qu'il y reste une odeur d'orange.

On ne peut pas plaire à tout le monde, j'en conviens. Mais le petit garçon du quartier du Lapin blanc n'en espérait pas tant. Parti de rien, de tout en bas, j'ai trouvé le chemin qui mène à ce métier que j'aime, c'est déjà un miracle ! Je ne demande qu'une chose, continuer à le faire bien.

Crédits photographiques

Pages 1, 2, 3, 4, 5, 6, 10, 15, 16 : D.R.
Page 7 : Paris-Jour, Christian Joubert.
Page 8 : Fausto Picedi.
Page 9, haut : Jacques Gomot ; bas : Louis Monier.
Page 11, haut : Interpress ; bas : Fabrice Vallon.
Pages 12, 13, 14 : Fabrice Vallon.

Cet ouvrage a été réalisé par la
SOCIÉTÉ NOUVELLE FIRMIN-DIDOT
Mesnil-sur-l'Estrée
pour le compte des Éditions Fixot
64, rue Pierre-Charron, 75008 Paris
en mai 1991

Imprimé en France
Dépôt légal : avril 1991
N° d'impression : 18088
ISBN : 2-87761-026-8
50-35-4020-03